西华大学省部级学科平台开放课题人文社科重

四川地方志联合目录

主　编　林　英

副主编　罗涵亓

编　委　王　娟　　钟　文　　代兴群　　杜　鹃

　　　　吴红颖　　楚正瑜　　熊柯嘉

西南交通大学出版社

·成　都·

图书在版编目（ＣＩＰ）数据

四川地方志联合目录 / 林英主编. —成都：西南
交通大学出版社，2018.5
　ISBN 978-7-5643-6188-4

　Ⅰ. ①四… Ⅱ. ①林… Ⅲ. ①四川—地方志—联合目
录 Ⅳ. ①Z88：K297.1

中国版本图书馆 CIP 数据核字（2018）第 097849 号

Sichuan Difangzhi Lianhe Mulu
四川地方志联合目录
主编　林英

责 任 编 辑	吴　迪
助 理 编 辑	罗俊亮
封 面 设 计	原谋书装
	西南交通大学出版社
出 版 发 行	（四川省成都市二环路北一段 111 号
	西南交通大学创新大厦 21 楼）
发行部电话	028-87600564　028-87600533
邮 政 编 码	610031
网　　　址	http://www.xnjdcbs.com
印　　　刷	四川煤田地质制图印刷厂
成 品 尺 寸	165 mm × 230 mm
印　　　张	15.5
字　　　数	215 千
版　　　次	2018 年 5 月第 1 版
印　　　次	2018 年 5 月第 1 次
书　　　号	ISBN 978-7-5643-6188-4
定　　　价	88.00 元

序

　　中国古代文献浩如烟海，地方志以其特有的内容成为其中的重要历史文化遗产。方志作为一方之史，对本行政区域进行了分门别类、全面系统的记载，其内容上自天文，下至地理，中及人事，凡生产、生活、科学研究无所不包，是研究我国自然、政治、经济、文化和社会历史的重要资料性文献。中国方志有着悠久的历史，春秋战国时候流传下来的《周礼》便有"外史掌四方之志"和"小史掌邦国之志"的记载。明末清初顾炎武撰写的《天下郡国利病书》《肇域志》以及顾祖禹撰写的《读史方舆纪要》等，是综合研究利用地方志的重要代表。1912年缪荃孙编辑的《清学部图书馆方志目录》刊行后，方志书目学得到了迅速发展。时至今日，方志的整理、研究已经成为一门专门学科，其成果对于综合历史的研究有着不可或缺的重要作用及意义。

　　四川历代地方志内容丰富，自东晋常璩《华阳国志》肇始，历代方志存续不绝，种类繁多，体例完善，以优良的修志传统为后世留下宝贵的史料。但是由于战乱兵燹的荼毒，自然灾害的吞噬，加上行政区划的变迁，四川志书散佚情况十分严重。经过多年的整理，不少单位的志书存藏情况已经初步清晰。目前来看，传世志书仍然不少。这些资料，是研究四川古今历史发展的重要文献，是各大图书馆读者查询量最大的资料之一。但因时代变迁发展，原有方志目录已经不能完全如实反映现存方志状况，对读者的查询研究带来一定的阻碍。整合现存地方志数据，不仅对资源的提升利用，而且对我省目录学的发展、方志的研究、四川的综合历史研究，具有十分重要的意义。为此，我们于2016年申请了"西华大学省部级学科平台开放课题"的人文社科重点项目"四川地方志联合目录及计量分析",希望通过本课题的开展,重新整理融合全省方志目录,将现存四川方志数据纳入统一数据库,为广大读者查询及使用方志提供更有利的便捷条件。

2007年,国务院正式发文,开始了中华人民共和国成立以来的首次全国古籍大普查。四川省古籍保护中心于2007年底经省编办正式批文成立,负责全省古籍普查相关具体事宜。普查范围涵盖图书馆、博物馆、高校、研究院所、寺院等古籍藏书单位。经过十年的努力,至2017年底,四川古籍存藏家底已经基本摸清,全省古籍藏书单位达98家,古籍藏量约216万册,不少以前未进入过古籍普查的单位也重新进入大众视野;行政区划变更,单位合并,古籍资源拆分保存等情况也重新整理;在基层单位、高校、博物馆的古籍普查工作之中,我们不仅发现了众多珍善本古籍,更厘清了全省各藏书单位的四川地方志存藏情况。这些工作,都为方志项目的编纂整理奠定了坚实基础。

此次方志目录重点突出了旧志的版本目录及收藏单位,这是研究我省乃至西南地区历史的重要史料。旧志方面,在全省古籍普查数据基础上,我们或亲到各藏书单位编目整理,或根据各藏书单位提供的数据及书影对版本进行审定。最终从十六万条数据里,审校出两千余条符合要求的数据,之后再审定核实,并根据现有行政区划的变革进行拆分合并处理。新志方面,因地方志的修撰已成为各地的一项基本工作,上至省志,下至市(州)、县(区)、乡镇,再至各行各业,几乎都有属于自己的地方志、行业志,为后世提供了更为详尽的当代社会信息。四川省地方志编纂委员会2004年编修的《四川省地方志目录》主要收录1949至2000年全省新编地方志,收集较为全面,故本目录在新志方面主要以省、市、县志为主线,不涉及行业志,收录时间截至2017年。

前后历时两年,经过大量艰辛努力的工作,我们最终形成了这一份迄今为止全省范围最全、跨度最长、内容最实的方志联合目录。据统计,全省共收录78家单位现存旧志,以内容分为777种(含中华人民共和国成立后出版的旧方志文献），以版本分为 1 312 种方志文献；收录 1949 年后编纂的新方志 658 种。省外图书馆所存四川方志不在此次统计范围之内。

本次联合目录的编纂反映了四川方志最新的收藏地点和分布状况，很大程度上实现了书目资源的共建共享，为广大读者利用方志提供了极大便利，也为四川乃至西南地区的综合历史研究奠定了追本溯源、考镜源流的基础。

在对全省的古籍及方志的普查编目过程中，我们发现，许多基层馆的古籍处于尘封状态，多年来被束之高阁。册次、卷次散乱分存现象普遍，部分馆古籍破损十分严重，甚至粘连成"书砖"无法揭开，需经专业修复后才能使用，也因此，部分藏书单位的方志存缺卷没有具体填写，只能统一著录为"不全"，能厘清存缺卷的单位，我们都根据实际情况著录实存或实缺卷次。因各种条件的限制，我们无法跑遍有方志的七十多家单位，部分馆只能根据其提供的普查数据及书影来进行审核补充，因此，数据也可能存在遗漏、舛讹不实的地方，希望得到各位方家指正和补充。

经过十年的努力，全省古籍藏书单位的保存环境已经有了极大改善，古籍保护工作有了更多专业人员的参与，地方志也得到越来越多的重视和关注，这是令我们欣慰和感动的。但也要看到，古旧地方志的破损修复工作仍是未来的一项重点、难点工作，专业修复人才和专项资金是亟需解决的问题。我们希望，本联合目录除了能给大家的学术研究带来极大便利之外，更愿各馆能将方志尽可能保存完好，使这优秀的传统文化以更好的姿态源远流传，如此，则善莫大焉！

林 英

2018 年 1 月 22 日

凡　例

一、收录时间：截至 2017 年 12 月 31 日。

二、收录范围：全省所有公藏系统现存汉文四川方志，包括公共图书馆、博物馆、高校图书馆、研究院所等。装帧形式涉及线装书、平装书、胶卷。旧志（指 1949 年前编纂的方志，涉及古籍，民国线装书、缩微胶卷，中华人民共和国成立后翻印旧志的平装书）收录现今四川省及重庆市行政范围地方志。新志（指 1949 年后编纂的新方志）则收录今四川省行政范围方志，不收录重庆市地方志。

三、收录内容：（1）旧志主要包括：① 通志、府州志、厅志、市志、县（区）志、乡（镇）志、街道志等。② 各种专志：乡土志、山水名胜志、寺庙志等。③ 具有方志性质的志稿、采访册、调查日志等也在收录范围之内。（2）新志主要包括：省志、市志、县志。

四、排列顺序：首先，全书划分为两部分，先列 1949 年以前的旧志，后列 1949 年以后的新志，中华人民共和国成立后影印的旧志，依内容仍排于旧志之列。其次，旧志、新志分别以省志、市（州）志、县（区）志、乡（镇）志、其他（专志、方志性质的采访册）为序。市县排列顺序以四川省民政厅区划地名处编印的《四川省行政区划简册（2016）》及四川省民政厅官网发布的 2017 年行政区划变更通知为依据。再次，同一区域地方志按照年代的先后次序排列。最后，不同系统间排序为：公共图书馆、高校图书馆、博物馆、科研院所、党校系统。

五、著录款目：旧志著录款目包括：题名卷数、著者、版本、装帧形式、收藏单位，附备注（主要著录所属丛书题名，地名变更沿革等）；新志著录款目包括：书名、著者、出版者、出版年月。

六、著录规则：（1）题名项：旧志书名以首卷卷端所题为准，若有"新修""续修""重修"及朝代名称等字样，则照实著录。未加朝代者，则依据内容重新添加朝代并添加"[ ]"，以便读者区别利用。新志则不加注标识。（2）著者项：著者、主编者在前，编纂者在后，若著者有多人，则只列主要著者二至三人，后加"等"字。著者前皆冠以朝代名称，以卒年为依据，民国及以后著者前不加朝代。（3）版本项：刻本、抄本、油印本、影印本、胶卷等皆照实著录，排印本一律著录为铅印本。内部出版物性质的或未有明确出版者的平装方志，出版一项将如实著录。（4）装帧形式项：只区别著录线装、平装、胶卷三项内容。（5）收藏单位项：各藏书单位名称一律使用简称，详见附录《藏书单位简称表》。旧志之专志部分，因很多单位都存有相同专志，故不一一罗列。1949年后的新志大部分图书馆都藏有，故不再罗列收藏单位名称。（5）备注项：书名采用地方简称或别称，属地及地名变更等内容，皆在备注项内注明。复本书目只著录最全种，不一一登记造册。

七、数据来源：本联合目录数据主要来源于各古籍藏书单位提交的四川省古籍普查数据及实地调查编目，同时参考了1982年四川省中心图书馆委员会编的《四川省地方志联合目录》（收录全省各单位藏历代四川线装旧志书）、1991年倪晶莹主编的《四川大学图书馆馆藏地方志目录》（收录四川大学图书馆藏国内各省线装旧方志）、四川省地方志编纂委员会2011年编的《四川历代旧志目录》（收录国内大部分单位现存四川历代地方志）、四川省地方志编纂委员会2004年编的《四川省地方志目录》（收录1949—2000年间新编地方志）。

目　录

旧　志

新　志

旧　志

总　志

[正德]四川志三十七卷
（明）熊相纂修　一九六一年余中英抄本　线装本 ‖ 省图

[正德]四川志三十七卷
（明）熊相纂修　影抄本　线装本 ‖ 川大

[正德]四川志三十七卷
（明）熊相纂修　一九六一年传抄明正德十二年（1517）刻嘉靖增补本　胶卷 ‖ 省图

[嘉靖]四川总志十六卷
（明）刘大谟等修　（明）王元正等纂　（明）周复俊（明）崔廷槐等重编　明嘉靖二十年（1541）修　一九五一年抄本　线装本 ‖ 川大

[嘉靖]四川总志十六卷
（明）刘大谟等修　（明）王元正等纂　（明）周复俊（明）崔廷槐等重编　一九五四年熊承显抄本　线装本 ‖ 省图

[嘉靖]四川总志十六卷附全蜀艺文志六十四卷
（明）刘大谟等修　（明）王元正等纂　（明）周复俊（明）崔廷槐等重编　（明）杨慎纂修　二〇〇〇年北京图书馆古籍珍本丛刊本　平装本 ‖ 省图

[万历]四川总志三十四卷

（明）虞怀忠等修 （明）郭棐等纂 一九九六年齐鲁书社影印四库全书存目丛书本 （卷一至四配抄本） 平装本 ‖ 省图

[万历]四川总志三十四卷

（明）吴之皞修 （明）杜麻芳等纂 明万历四十七年（1619）刻本 胶卷 ‖ 川大

[康熙]四川总志三十六卷

（清）蔡毓荣等修 （清）钱受祺等纂 一九六二年陈建威抄本 线装本 ‖ 省图

[康熙]四川总志三十六卷

（清）蔡毓荣等修 （清）钱受祺等纂 清康熙十二年（1673）刻本 胶卷 ‖ 川大

[雍正]四川通志四十七卷首一卷

（清）黄廷桂等修 （清）张晋生等纂 清雍正十一年（1733）刻乾隆元年（1736）增刻本 线装本 ‖ 省图 成都 草堂博物馆 杨升庵博物馆（存卷三至九、十二、十四至二十九、三十二、三十五至三十九、四十一至四十四）

[雍正]四川通志四十七卷首一卷

（清）黄廷桂等修 （清）张晋生等纂 清乾隆元年（1736）刻本 线装本 ‖ 江油 川大 川博

[嘉庆]四川通志二百零四卷首二十二卷

（清）常明等修 （清）杨芳灿（清）谭光祜等纂 清嘉庆二十一年（1816）刻本 线装本 ‖ 省图 成都 泸州 南充（不全） 达州 雅安 甘孜 西昌 新都（存卷一至二、七至九、三十八至三十九、四十四至四十五、九十六至九十八、一百零三至一百零五、一百一十一至一百一十二、一百四十三至一百四十四、一百六十三至一百六十五、一百六十九至一百七十一、一百九十一至一百九十二） 青羊（不全） 温江（不全） 郫都 新津 苍溪 射洪（不全） 资中 威远 阆中（存卷一至十二、十四至二十一、三十八至六十三、七十九至一百零二、一百零五至一百二十三、一百二十五至一百七十九、一百八十七至二百零四、首） 西充（不全） 南溪 川大 川师大 西南民大 西华师大（存卷一至三十六、四十六至四十七、四十九至六十、六十二至八十一、一百零三至一百零七、一百二十四至一百三十七、一百四十三至一百四十五、一百五十二至一百六十四、一百七十一至一百七十三、一百七十八至一百八十八、一百九十九至二百零四、首一至六） 川博（不全） 草堂博物馆（不全） 杨升庵博物馆（存卷一、四、十至十一、十五至十八、二十五至二十六、三十至三十八、六十至六十八、七十六、七十八至七十九、八十二至八十三、八十六至九十五、一百至一百零七、一百一十三至一百一十四、一百一十七至一百二十三、一百二十五、一百二十七至一百三十、一百三十二至一百三十六、一百三十九、一百四十二至一百五十、一百五十三、一百五十七至一百六十五、一百六十九至一百八十二、一百八十四至一百八十五、一百八十九至一百九十二、二百零一、二百零三） 都江堰文物局 省社科院 省委党校（存卷三十至三十九、四十一至四十二、四十四至四十六、五十五、六十五至七十、七十二、七十四至七十八、九十一至一百零八、一百一十至一百一十五、一百一十七至一百三十二、一百三十四至一百三十六、一百五十二至一百六十三、一百六十五至一百六十八、一百七十一至一百七十四） 省文史馆

[嘉庆]四川通志□卷舆地志□卷建置沿革五卷

（清）常明等修 （清）杨芳灿 （清）谭光祜等纂　民国抄本　线装本 ‖ 省图（存五卷）

[嘉庆]四川通志二百零四卷首二十二卷

（清）常明等修 （清）杨芳灿 （清）谭光祜等纂　民国抄本　线装本 ‖ 川博

[嘉庆]四川通志二百零四卷首二十二卷
（清）常明等修　（清）杨芳灿（清）谭光祜等纂　清末民初刻本　线装本 || 犍为（存卷首、十至十一、二十四、二十六至三十八、四十至四十七、六十七至八十一、八十五、八十九、九十三至一百、一百一十、一百四十、一百五十至一百六十、一百七十、一百七十八至一百九十、一百九十二至二百一）

四川通志一百七十卷
（□）陈常之撰　清石印本　线装本 || 郫都（存目录一册）

四川通志二百二十七卷
（清）常明总纂　（清）杨芳灿等编辑　清刻本　线装本 || 富顺（存卷二十三至二十四、二十九至三十二、三十七至三十八、六十八至七十二、七十五至八十、一百三十五至一百三十六、一百四十至一百四十六、一百八十六至一百八十九、一百九十八至二百零二）

四川通志二百二十七卷
（清）常明总纂　（清）杨芳灿等编辑　一九八四年巴蜀书社影印本　平装本 || 省图

[民国]重修四川通志稿
宋育仁等编修　稿本　线装本 || 省图

[民国]重修四川通志稿
宋育仁等编修　二〇一五年国家图书馆出版社影印本　平装本 || 省图

[民国]四川通志稿
四川通志局编　稿本　线装本 || 川大

重修四川通志稿后案一卷
佚名撰　民国铅印本　线装本 || 南充　江油　青羊　川大　川博　省社科院

重修四川通志目录不分卷

宋育仁等纂修　民国八年（1919）铅印本　线装本 || 成都　省社科院

重修四川通志目录不分卷

宋育仁　陈钟信等纂修　民国二十五年（1936）四川通志局铅印本
线装本 || 省图　泸州　南充　青羊　南溪　川大　川博

重修四川通志例言一卷

龚维镱编　民国十五年（1926）铅印本　线装本 || 成都　南充　新
都　青羊　川大　川博　省社科院

[民国]四川郡县志十二卷

龚煦春撰　民国二十五年（1936）成都古美堂刻本　线装本 || 成都
乐山　南充　西昌　青羊　大邑　射洪　阆中　川大　川博　省文
史馆

[民国]四川郡县志十二卷

龚煦春撰　民国三十五年（1946）刻本　线装本 || 成都　省社科院

[民国]四川郡县志十二卷

龚煦春纂　一九八三年成都古籍书店点校铅印本　平装本 || 川大

四川省方志简编

陶元甘　舒君实等纂　二〇〇八年影印本　线装本 || 省图

四川各县历代沿革表不分卷

（□）□□撰　清嘉庆抄本　胶卷 || 省图

四川各县历代沿革表不分卷

丁晫超编　一九五六年稿本　线装本 || 省图

四川省概况

四川省政府编印　民国二十八年（1939）铅印本　线装本 || 川大

四川省概况

四川省政府编印　民国二十八年（1939）省政府秘书处铅印本　胶卷 ‖ 省图

四川松理懋茂汶屯区屯政纪要

（□）□□撰　民国二十五年（1936）铅印本　线装本 ‖ 省社科院

西康综览十四编

李亦人编著　民国三十年（1941）正中书局铅印本　平装本 ‖ 省图 川大

西康之实况

翁之藏编　民国十九年（1930）铅印本　平装本 ‖ 省图

西康札记

任乃强著　民国二十一年（1932）新亚细亚铅印本　平装本 ‖ 省图

西康概况五章

西康省政府秘书处编　民国二十八年（1939）四川省政府秘书处铅印本　平装本 ‖ 省图 川大

西康省概况

中国人民解放军西南服务团研究室编印　民国三十八年（1949）中国人民解放军西南服务团研究室铅印本　平装本 ‖ 省图

西康纪要

杨仲华著　民国二十六年（1937）商务印书馆铅印本　平装本 ‖ 省图 川大

西康

梅心如著　民国二十三年（1934）正中书局铅印本　平装本 ‖ 省图

西康建省记三卷

傅嵩炑著　民国元年（1912）中华印刷公司铅印本　平装本 ‖ 省图
川大

西康建省记要八卷

刘赞廷原辑　一九六〇年民族文化宫图书馆油印本　平装本 ‖ 省图

西康问题

陈重为著　民国十九年（1930）中华书局铅印本　平装本 ‖ 省图

西康问题

陈重为著　民国二十五年（1936）中华书局铅印本　平装本 ‖ 省图

西康疆域溯古录二编

胡吉卢编　民国十七年（1928）商务印书馆铅印本　平装本 ‖ 省图
川大

西康图经

任乃强著　民国二十四年（1935）新亚细亚学会铅印本　平装本
‖ 省图　川大

西康通志撰修纲要不分卷

西康通志局编　民国二十九年（1940）铅印本　线装本 ‖ 省社科院

西康宁属北部之地质与矿产二卷

刘之祥编　民国三十年（1941）铅印本　线装本 ‖ 省图

四川西康地质志附图不分卷

谭锡畴　李春昱撰　民国国立北平研究院地质研究所铅印本　线装
本 ‖ 西南交大

西康通志稿

四川省地方志工作办公室校　二〇一六年方志出版社铅印本　平装
本 ‖ 省图

川康边政资料辑要二十七种附一种

贺国光修　边政设计委员会纂修　民国二十九年（1940）成都铅印
本　线装本 ‖ 省图　成都（不全）　川大
‖西昌县概况资料辑要不分卷　边政设计委员会编 ‖冕宁县概况
资料不分卷　边政设计委员会编 ‖越巂县概况资料不分卷　边
政设计委员会编 ‖会理县概况资料辑要不分卷　边政设计委员会
编 ‖宁南县概况资料辑要不分卷　边政设计委员会编 ‖昭觉县概
况资料辑要不分卷　边政设计委员会编 ‖盐源概况资料辑要不分
卷　边政设计委员会编 ‖雷波概况资料辑要不分卷　边政设计
委员会编 ‖马边概况资料辑要不分卷　边政设计委员会编 ‖屏山
概况资料辑要不分卷　边政设计委员会编 ‖峨边概况资料辑要不
分卷　边政设计委员会编 ‖松潘概况资料辑要不分卷附四川陆军
测局考查记一卷　边政设计委员会编 ‖理番县概况资料辑要不分
卷　边政设计委员会编 ‖汶川县概况资料辑要不分卷　边政设
计委员会编 ‖茂县概况资料辑要不分卷　边政设计委员会编 ‖懋
功概况资料辑要不分卷　边政设计委员会编 ‖西康概况资料辑要
不分卷　边政设计委员会编　‖附西康之乌拉问题不分卷　佘贻
泽撰 ‖附西康之乌拉问题不分卷　佘贻泽撰 ‖泸定县概况资料辑
要不分卷　边政设计委员会编 ‖九龙概况资料辑要不分卷　边
政设计委员会编 ‖丹巴概况资料辑要不分卷　边政设计委员会编
‖道孚概况资料辑要不分卷　边政设计委员会编 ‖炉霍概况资料
辑要不分卷　边政设计委员会编 ‖甘孜概况资料辑要不分卷
边政设计委员会编 ‖瞻化概况资料辑要不分卷　边政设计委员会
编 ‖德格概况资料辑要不分卷　边政设计委员会编 ‖雅江概况资
料辑要不分卷　边政设计委员会编 ‖理化概况资料辑要不分卷

边政设计委员会编 ||巴安概况资料辑要不分卷 边政设计委员会
编 ||盐边县概况资料辑要不分卷 边政设计委员会编

川康边政资料辑要二十九种
边政设计委员会编 民国二十九年（1940）成都铅印本 胶卷
|| 省图

成都市

[天启]成都府志五十八卷
（明）冯任修 （明）张世雍等纂 明天启元年（1621）刻本 胶
卷 || 川大

[天启]成都府志五十八卷
（明）冯任修 （明）张世雍等纂 一九五一年据胶卷抄本 线装本
|| 川大

[天启]新修成都府志五十八卷
（明）冯任修 （明）张世雍等纂 ·九六二年熊承显抄本 线装本
|| 省图

[康熙]四川成都府志三十五卷
（清）佟世雍修 （清）何如伟等纂 民国间抄本 线装本 || 省图

[康熙]四川成都府志三十五卷
（清）佟世雍修 （清）何如伟等纂 一九六〇年代抄本 线装本
|| 省图

[康熙]成都府志三十五卷
（清）佟世雍修 （清）何如伟等纂 影清康熙二十五年（1686）抄
本 线装本 || 川大

[嘉庆]成都县志六卷首一卷

（清）王泰云等修　（清）衷以壎等纂　（清）杨芳灿续修　清嘉庆二十一年（1816）刻本　线装本 || 省图　成都　泸州　郫都　川大　川博　省社科院

[嘉庆]成都县志六卷首一卷

（清）王泰云等修　（清）衷以壎等纂　（清）杨芳灿续修　清嘉庆二十一年（1816）刻咸丰十年（1860）补刻本　线装本 || 省图　成都　西华师大

[同治]重修成都县志十六卷首一卷

（清）李玉宣等修　（清）衷兴鉴等纂　清同治十二年（1873）刻本　线装本 || 省图　成都　川大　武侯祠博物馆　省社科院　省文史馆

成都通览

（清）傅崇榘编　清宣统元年（1909）成都通俗报社石印本　线装本 || 成都　川师大　川博

成都通览

（清）傅崇榘编　清宣统元年（1909）成都通俗报社石印本　胶卷 || 省图

新都区（2001年，撤销新都县，设立成都市新都区）

[乾隆]成都府新都县志书不分卷

（清）杨绵祚纂修　清乾隆十七年（1752）抄本　胶卷 || 川大

[嘉庆]新都县志五十四卷首一卷

（清）孙真儒等修　（清）李觉楹纂　清嘉庆二十年（1815）刻本　线装本 || 省图

[嘉庆]新都县志五十四卷首一卷

（清）孙真儒等修 （清）李觉楹等纂 清嘉庆二十一年（1816）刻本 线装本 || 川大 杨升庵博物馆（不全）

[道光]新都县志十八卷首一卷

（清）张奉书等修 （清）张怀洵等纂 清道光二十四年（1844）刻本 线装本 || 省图 成都 泸州 新都 青羊（不全） 郫都 川大 川师大 西华师大 杨升庵博物馆

[道光]新都县志十八卷首一卷

（清）张奉书等修 张怀洵等纂 清道光二十四年（1844）修民国三年（1914）重刻本 线装本 || 成都 省社科院 省文史馆

[民国]新都县志六编

陈习删等修 闵昌术等纂 民国十八年（1929）铅印本 线装本 || 省图 成都 泸州 遂宁 南充 西昌 新都 都江堰 蒲江 苍溪 南溪 川大 西华师大 草堂博物馆 杨升庵博物馆 都江堰文管所 省社科院 省文史馆

四川新都县概况不分卷

陈泽全编 民国三十二年（1943）铅印本 线装本 || 省图 泸州 新都

四川新都县概况十二编

新都县政府统计室编 民国三十二年（1943）铅印本 胶卷 || 省图

新都年鉴

新都年鉴编纂委员会编 民国二十四年（1935）启文印刷局铅印本 平装本 || 省图

新都年鉴

新都年鉴编纂委员会编　民国三十四年（1945）铅印本　线装本
|| 新都　杨升庵博物馆　省社科院

新都县乡土志不分卷

（清）张治新编　民国间四川省通志馆红格抄本　线装本 || 省图

新都县乡土志不分卷

（清）张治新编　清末抄本　线装本 || 川大

新繁（1965 年，撤销新繁县，并入新都县）

[乾隆]新繁县志十四卷首一卷

（清）郑方城修　（清）朱敦修等纂　清乾隆八年（1743）刻兼一九
五八年熊承显抄本　线装本 || 省图（存卷三至五）

[嘉庆]新繁县志四十三卷首一卷

（清）顾德昌（清）王陞元等修　（清）张粹德等纂　清嘉庆十九
年（1814）刻本　线装本 || 省图（存卷一至九、首）成都（不
全）川大

[同治]新繁县志十六卷首一卷

（清）张文珍（清）李应观修　（清）杨益豫等纂　清同治十二年
（1873）刻本　线装本 || 省图　成都　新都　青羊（不全）郫都（存
卷一至二、五至六、十二至十四、十六、首）都江堰　南溪（不全）
川大　川师大　西华师大　都江堰文管所　省社科院

[民国]新繁县志三十四卷首一卷附新繁文征二十二卷

侯俊德等修　刘复等纂　民国三十五年（1946）铅印本　线装本
|| 省图　泸州　西昌　西华师大　川博（不全）省社科院

[民国]新繁县志三十四卷首一卷附文征二十二卷

侯后德　刘复等纂修　民国三十六年（1947）铅印本　线装本 || 川

大　郫都　成都　成博　彭州博物馆（不全）　都江堰文管所（不全）
省文史馆

新繁县乡土志十卷
（清）余慎（清）陈彦升等编　清光绪三十三年（1907）铅印本　线
装本 || 省图　成都　南充　川大　彭州博物馆

温江区（2002年，撤销温江县，设立成都市温江区）

[嘉庆]温江县志三十六卷首一卷
（清）李绍祖等修　（清）徐文贲（清）车酉等纂　清嘉庆二十年
（1815）刻本　线装本 || 省图　成都　泸州　青羊（不全）　郫都
（不全）　川大　西华师大　省社科院

[民国]温江县志十二卷首一卷
张骥等修　曾学传等纂　民国十年（1921）刻本　线装本 || 省图
成都　达州　温江　都江堰　崇州　川大　川博　都江堰文物局
省社科院　省文史馆

[民国]温江县志十二卷首一卷
张骥等修　曾学传等纂　一九八二年温江县文化馆翻印本　平装本
|| 西昌

[民国]温江县志十二卷首一卷
张骥等修　曾学传等纂　一九八二年温江县修志局油印本　平装本
|| 省图

[民国]温江县志十二卷首一卷
张骥等修　曾学传等纂　民国十年（1921）铅印本　线装本 || 西华
师大

[民国]温江县志十二卷首一卷

张骥等修　曾学传纂　民国十年（1921）石印本　线装本 || 雅安

温江县乡土志十二卷

曾学传纂　清宣统元年（1909）刻本　线装本 || 省图　成都　青羊
川大　省社科院

温江县志疑义问答不分卷

曾学传编　民国铅印本　线装本 || 省图　川博

温江耆旧录不分卷

曾学传著　民国抄本　线装本 || 省图

双流区（2015年，撤销双流县，设立成都市双流区）

[乾隆]双流县志七卷
（清）黄锷纂修　抄本　线装本 || 省图

[嘉庆]双流县志四卷
（清）汪士伋纂修　清嘉庆十九年（1814）刻本　线装本 || 省图　阆
中　川大

[光绪]双流县志四卷首一卷
（清）彭琬等纂修　清光绪三年（1877）铅印本　线装本 || 成都
温江

[光绪]双流县志四卷首一卷
（清）彭琬等纂修　清光绪三年（1877）刻本　（本书序及目录首页
为抄配）　线装本 || 省图　青羊　川大　省社科院

[光绪]双流县志二卷
（清）彭琬等修　（清）吴特仁增订　清光绪二十年（1894）刻双流

吴氏民国二十一年（1932）补刻重印养正堂遗书本　线装本 ‖ 省图
川大　省社科院

[光绪]双流县志二卷
（清）彭琬等修　（清）吴特仁增订　清光绪二十年（1894）刻民国
二十一年（1932）补刻本　胶卷 ‖ 省图

[民国]双流县志四卷首一卷
刘佶等修 刘咸荥等纂　民国十年（1921）铅印本　线装本 ‖ 省图
成都　南充　川大　西华师大

[民国]双流县志四卷首一卷
刘佶等修　刘咸荥等纂　民国二十六年（1937）铅印本　线装本
‖ 省图　成都　泸州　南充　温江　川大　川博　省社科院　省文史馆

双流县县政概况不分卷
张众愉编　民国三十五年（1946）复写本　线装本 ‖ 省图

双流县乡土志
（清）□□纂修　清末抄本　线装本 ‖ 川大

双流县乡土志
（清）□□纂修　一九六〇年传抄清末抄本　胶卷 ‖ 省图

双流足征录不分卷
刘咸炘著　刘咸炘手稿本　线装本 ‖ 省图

华阳（1965 年，撤销华阳县，并入双流县。2006 年，撤销华阳镇建制，设立华阳街道）

[嘉庆]华阳县志四十四卷首一卷
（清）吴巩（清）董淳修　（清）潘时彤等纂　清嘉庆二十一年（1816）
刻光绪十八年（1892）补刻本　线装本 ‖ 省图　成都　西昌　川大　川
师大　草堂博物馆

[民国]华阳县志稿□□卷
林思进等纂修　手稿本　线装本 || 省图（存二册：古迹志之一、之二；物产志）

[民国]华阳县志三十六卷首一卷附华阳县境全图
陈法驾　叶大锵等修　曾鉴　林思进等纂　民国二十二年（1933）至二十三年（1934）刻本　线装本 || 省图　达州　新都　青羊（不全）荣县　安岳　西华师大　省社科院

[民国]华阳县志三十六卷附图
叶大锵　曾鉴　林思进等纂修　民国二十三年（1934）华阳县立中学图书馆刻本　线装本 || 成都　南充　温江　成博　草堂博物馆

华阳县志一卷
（□）□□撰　清刻本　线装本 || 梓潼

华阳人物志十六卷附录一卷
林思进撰　民国二十一年（1932）刻本　线装本 || 成都　三台　西华师大

华阳人物志十六卷
林思进纂　民国二十一年（1932）铅印本　线装本 || 泸州　川大

华阳县境全图附山水水利图
华阳县续修县志局测绘　民国二十三年（1934）日新印刷工业社铅印本　线装本 || 郫都

华阳县境全图附城乡区水利山川图
徐松涛绘　民国二十三年（1934）影印本　线装本 || 省图
华阳县境全图　徐松涛绘 ||华阳山水全图　徐松涛绘 ||华阳县属都

江堰水利图　□□绘 ‖[华阳县]城区街道全图　□□绘 ‖东一区得胜乡全图　□□绘 ‖[华阳县]南二区石羊镇全图　□□绘 ‖[华阳县]东三区中和镇全图　□□绘 ‖[华阳县]东四区中兴镇全图　□□绘 ‖[华阳县]东六区永兴乡全图　□□绘 ‖[华阳县]东七区太平镇全图　□□绘 ‖[华阳县]东八区西河镇全图　□□绘 ‖[华阳县]东九区隆兴镇全图　□□绘

[民国]华阳县志古迹志一卷
苏兆奎纂　民国铅印本　线装本 ‖ 省图　成都　武侯祠博物馆

郫都区（2016年，撤销郫县，设立成都市郫都区）

[嘉庆]郫县志四十四卷
（清）朱鼎臣等修 （清）盛大器等纂　清嘉庆十八年（1813）刻本　线装本 ‖ 成都（存卷十二至二十七、三十一至三十六、三十九至四十四）

[嘉庆]郫县志四十四卷
（清）朱鼎臣等修 （清）盛大器等纂　清道光二十年（1844）刻本　线装本 ‖ 成都（存卷二十六至三十四）

[嘉庆]郫县志四十四卷首一卷
（清）朱鼎臣等修 （清）盛大器等纂　清道光二十四年（1844）补刻本　线装本 ‖ 成都　青羊（不全）　川大

[嘉庆]郫县志四十四卷首一卷
（清）朱鼎臣等修 （清）盛大器等纂　一九五八年吴文中、屈鼎臣等抄本　线装本 ‖ 省图

[嘉庆]郫县志四十四卷首一卷
（清）朱鼎臣等修 （清）盛大器等纂　一九五八年传抄清嘉庆十八年（1813）刻道光二十四年（1844）补刻本　胶卷 ‖ 省图

[同治]郫县志四十四卷

（清）陈庆熙修 （清）高升之等纂 清同治九年（1870）刻本 线装本 || 省图 成都 泸州 郫都 川大

[同治]郫县志四十四卷

（清）陈庆熙修 （清）高升之等纂 清同治九年（1870）年据墨韵堂藏板刻本 线装本 || 郫都 都江堰

[民国]郫县志六卷

王润基 汪志青编纂 民国三十六年（1947）精记志成印刷局铅印本 线装本 || 郫都 川博 省社科院

[民国]郫县志六卷

李之青等修 戴朝纪等纂 民国三十七年（1948）铅印本 线装本 || 省图 郫都 川大 西华师大 成博 都江堰文物局

[乾隆]郫县志书十卷

（清）李馨纂修 （清）沈芝增补 二〇〇一年故宫博物院影印故宫珍本丛刊本 平装本 || 省图

[道光]郫书六卷

（清）孙锟撰 清道光二十四年（1844）郫县孙锟古棠书屋刻本 线装本 || 省图

[道光]郫书六卷附补遗一卷

（清）孙锟撰 清道光二十九年（1849）孙氏自刻古棠书屋丛书本 线装本 || 杨升庵博物馆

[道光]郫书六卷

（清）孙锟撰 清道光二十七年（1847）刻古棠书屋丛书本 胶卷 || 省图

[道光]郫书六卷
（清）孙锜撰　一九六〇年抄本　线装本 ‖ 省图

郫县县政概况十三编
李之青编　民国三十四年（1945）抄本　线装本 ‖ 省图

郫县乡土志不分卷
（清）黄德润等修　（清）姜士谔等纂　清光绪三十四年（1908）铅
印本　线装本 ‖ 省图　郫都　川大

崇宁（1958 年，撤销大部并入郫县，小部并入彭县）

[嘉庆]崇宁县志四卷
（清）刘坛纂修　清嘉庆十八年（1813）刻本　线装本 ‖ 成都

[嘉庆]崇宁县志四卷
（清）刘坛等纂修　（清）张大镎修订　清嘉庆二十一年（1816）刻
本　线装本 ‖ 省图　成都　青羊　川大

[民国]崇宁县志八卷首一卷
陈邦倬修　易象干　田树勋等纂　民国十三年（1924）刻本　线装本
‖ 省图　成都　自贡盐业博物馆

[民国]崇宁县志八卷首一卷
陈邦倬修　易象干　田树勋等纂　民国十四年（1925）刻本　线装本
‖ 成都　郫都（不全）　崇州　仁寿（不全）　川大　西华师大　川
博　都江堰文物局　省社科院　省文史馆

崇宁县志□□卷
（□）□□撰　清刻本　线装本 ‖ 郫都（存卷三）

崇宁县乡土志不分卷
（清）□□撰　清末抄本　线装本 ‖ 川大

崇宁县乡土志不分卷

（清）□□撰　一九六〇年熊承显抄本　线装本 ‖ 省图

都江堰市（1988 年，灌县改为都江堰市）

[乾隆]灌县志十二卷首一卷

（清）孙天宁纂修　清乾隆五十一年(1786)刻本　线装本 ‖ 省图　成都（不全）　都江堰（不全）　绵竹　安州区（不全）　川大　川博

[光绪]增修灌县志十四卷首一卷

（清）庄思恒修　（清）郑珶山纂　清光绪十二年（1886）刻本　线装本 ‖ 省图　成都　南充（不全）　青羊（不全）　都江堰　川大　西华师大　草堂博物馆　都江堰文物局

[光绪]增修灌县志十四卷首一卷

（清）庄思恒修　（清）郑珶山纂　一九六八年台湾学生书局据清光绪十二年（1886）刻本影印　线装本 ‖ 省图

[光绪]增修灌县志十四卷首一卷

（清）庄思恒修　（清）郑珶山等纂　清光绪十二年（1886）刻本　胶卷 ‖ 省图

[民国]灌县志十八卷首一卷

叶大锵等修　罗骏声纂　民国二十一年(1932)铅印本　线装本 ‖ 成都　西华师大

[民国]灌县志十八卷首一卷附灌志掌故四卷灌志文征十四卷

叶大锵等修　罗骏声纂　民国二十二年（1933）铅印本　线装本 ‖ 省图　成都　泸州　达州　川博

[民国]灌县志稿十八卷附采访文献资料五十五件

叶大锵等修　罗骏声纂　民国二十二（1933）手稿本　线装本 ‖ 都江堰文物局

[民国]灌县志十八卷首一卷

叶大锵等修 罗骏声纂　民国二十四年（1935）铅印本　线装本 ‖ 川大

灌志掌故四卷

叶大锵等修　罗骏声纂　民国铅印本　线装本 ‖ 省社科院

灌志文征十四卷

叶大锵等修　罗骏声纂　民国二十二年（1933）铅印本　线装本 ‖ 省社科院

灌记初稿四卷

（清）彭洵纂　清光绪十三年（1887）手抄本　线装本 ‖ 都江堰文物局

灌记初稿四卷

（清）彭洵纂　清光绪二十年（1894）彭氏种书堂刻本　线装本 ‖ 省图　成都　川大　都江堰文物局（不全）

灌记初稿四卷

（清）彭洵纂　民国成都蔚成公司铅印本　线装本 ‖ 西昌　都江堰　川博（不全）

灌县乡土志二卷

（清）钟文虎修（清）徐昱等纂　清光绪三十三年（1907）刻本　线装本 ‖ 省图　成都　泸州　都江堰　川大　西华　川博（不全）都江堰文物局　省社科院

灌江备考不分卷

（清）李先立编　清嘉庆七年（1802）王来通刊刻本　线装本 ‖ 西昌

灌县游览指南不分卷（附图）

灌县政府编　民国二十七年（1938）灌县县政府编辑室铅印本　平装本 || 荣县

灌县地理概略不分卷

李举百编　民国铅印本　线装本 || 省图

灌志采访册不分卷

（□）□□撰　民国抄本　线装本 || 省图

都江堰水利述要

四川水利局编　民国二十七年（1938）四川水利局铅印本　线装本 || 西昌　川博

历代都江堰功小传二卷

钱茂撰　清宣统三年（1911）刻本　线装本 || 川博

彭州市（1993年，撤销彭县，设立彭州市）

[嘉庆]彭县志四十二卷

（清）王钟钫修 （清）彭以懋等纂　清嘉庆十八年（1813）刻本　线装本 || 成都　青羊（不全）　郫都（不全）　川大

[嘉庆]彭县志四十二卷

（清）王钟钫修 （清）彭以懋等纂　清嘉庆十九年（1814）刻本　线装本 || 省图　郫都

[光绪]重修彭县志十三卷首一卷末一卷

（清）张龙甲修 （清）吕调阳等纂　清光绪四年（1878）文庙刻本　线装本 || 成都（不全）　南充　达州　新都（存卷八）　郫都（不全）　都江堰　彭州（存卷一、三至九）　川师大　西华师大　内江师院　川博　草堂博物馆　都江堰文物局（不全）　省社科院　省文史馆　自贡盐业博物馆

[光绪]重修彭县志十三卷首一卷末一卷附补遗一卷
（清）张龙甲修 （清）吕调阳等纂 清光绪六年（1880）刻本 线装本 || 省图

[光绪]重修彭县志十三卷首一卷末一卷附补遗一卷
（清）张龙甲修 （清）吕调阳等纂 清光绪六年（1880）刻民国六年（1927）重印本 线装本 || 省图 川大

[光绪]重修彭县志十三卷首一卷末一卷
（清）张龙甲总纂 （清）龚世莹（清）吕调阳协纂 民国六年（1917）刻本 线装本 || 泸州

彭县物产志不分卷
□□撰 民国稿本 线装本 || 省图

邛崃市（1994年，撤销邛崃县，改设邛崃市）

[嘉庆]邛州直隶州志四十六卷首一卷
（清）吴巩修 （清）王来遴纂 清嘉庆二十三年（1818）刻本 线装本 || 省图 成都（不全） 泸州 雅安 青羊（不全） 邛崃 江油 犍为 川大 西华师大 自贡盐业博物馆

[民国]邛崃县志四卷首一卷
刘复 宁缃等修 民国十一年（1922）铅印本 线装本 || 省图 成都 遂宁 达州 青羊（不全） 川大 川博（不全）草堂博物馆 省社科院

[民国]邛崃县志四卷首一卷
刘复 宁缃等纂修 民国十一年（1922）铅印本 胶卷 || 省图

[民国]邛崃县志十卷
洪宣禄纂 民国十七年（1928）稿本 线装本 || 省图

创办邛崃市政计划书不分卷

李自蹊 刘中生等编 民国石印本 线装本 ‖ 省图

崇州市（民国二年（1913），改崇庆州为县。1994 年，撤县设崇州市）

[康熙]崇庆州志不分卷

（清）吴昌荫纂修 田廷锡增修 清康熙二十五年（1686）刻雍正七年（1729）增刻本 胶卷 ‖ 川大

[乾隆]崇庆州志四卷首一卷

（清）杨长森修 （清）陈世熙等纂 清乾隆五十六年（1791）刻本 线装本 ‖ 川大

[乾隆]崇庆州志四卷首一卷

（清）杨长森修 （清）陈世熙等纂 一九六三年熊承显钞本 线装本 ‖ 省图

[乾隆]崇庆州志四卷首一卷

（清）杨长森修 （清）陈世熙等纂 一九六三年传抄清乾隆五十六年刻本 胶卷 ‖ 省图

[乾隆]崇庆州志四卷首一卷

（清）杨长森修 （清）陈世熙等纂 清刻本 线装本 ‖ 西昌

[嘉庆]崇庆州志十卷首一卷

（清）丁荣表（清）顾尧峰修 （清）卫道凝 （清）谢攀云纂 清嘉庆十八年（1818）刻本 线装本 ‖ 省图（存卷一至四、七至十、首）

[光绪]增修崇庆州志十二卷首一卷

（清）沈恩培等修 （清）胡麟等纂修 清光绪三年（1877）刻十年（1884）重印本 线装本 ‖ 省图 川大

[光绪]增修崇庆州志十二卷首一卷

（清）沈恩培等修　（清）胡麟等纂修　清光绪三年（1877）刻本　线装本 || 成都　乐山　青羊（不全）　都江堰　崇州（不全）　西华师大　内江师院　草堂博物馆

[民国]崇庆县志十二卷附江原文征不分卷

谢汝霖　周秉铨等修　罗元黼等纂　民国十五年（1926）成都昌福公司铅印本　线装本 || 省图　成都　泸州　遂宁　南充　青羊（不全）　郫都　都江堰　邛崃　崇州　大邑　简阳　江油　川大　西华师大　川博　都江堰文管所　省社科院　省文史馆

崇庆县县政概况不分卷

李之青编　民国三十五年（1946）稿本　线装本 || 省图

崇庆县县政概况不分卷

崇庆县政府编　民国抄本　胶卷 || 省图

四川省崇宁县县政府概况不分卷

李世丰编　民国三十四年（1945）抄本　胶卷 || 省图

崇庆县乡土地理教材不分卷

宋炳章编　民国三十二年（1943）石印本　线装本 || 省图

崇庆县乡土地理一卷

宋炳章编　民国三十二年（1943）石印本　胶卷 || 省图

崇宁县乡土志

□□撰　一九六〇年传抄清末抄本　胶卷 || 省图

简阳市［民国二年（1913），改简州为简阳县。1994年，撤销简阳县，改设简阳市］

[乾隆]简州志八卷附捐刻姓氏一卷

（清）刘如基修　（清）杨泪纂　清乾隆五十八年（1793）刻本　线

装本 || 省图 泸州 川大

[咸丰]简州志十四卷

（清）濮瑗修（清）黄朴等纂 清咸丰三年（1853）刻本 线装本 省图 || 成都（存卷三、六至十四） 青羊（不全） 简阳（存卷十一至十三） 川大

[咸丰]简州志十四卷

（清）濮瑗修 （清）黄朴等纂 清咸丰三年（1853）凤山书院刻本 线装本 || 成都 郫都（存卷十一至十四）

[光绪]简州续志十四卷

（清）易家霖修 （清）傅为霖等纂 清光绪二十三年（1897）刻本 线装本 || 省图 成都 都江堰 简阳 川大

[民国]简阳县志二十四卷首一卷末一卷附简阳诗文存八卷诗补遗一卷文补遗一卷 诗文存续二卷

林志茂等修 汪金相 胡忠渊等纂 民国十五年（1926）至十六年（1927）铅印本 线装本 || 省图 成都 泸州 遂宁 青羊（不全） 简阳 阆中 川大 川博（存卷一至六、十三至二十四） 省社科院 省文史馆

[民国]简阳县续志十卷首一卷末一卷简阳诗文存又续二卷

李青廷修 汪金相 胡忠阀纂 民国二十年（1931）铅印本 线装本 || 省图 成都 青羊（不全） 简阳 川大 省社科院

[民国]简阳县续志十卷附简阳县诗文存又续一卷

李青廷修 汪金相 胡忠阀纂 民国二十年（1931）大中印务局铅印本 线装本 || 南充 达州 阆中 川博 省文史馆

[民国]简阳县县政概况不分卷

黄幼甫编 民国三十四年（1945）复写本 线装本 || 省图

金堂县

[乾隆]金堂志略不分卷
（清）张南煐纂修　据清乾隆十六年（1751）刻抄本　胶卷 ‖ 川大

[乾隆]金堂县志
金堂县地方志办公室整编　二〇一三年影印本　平装本 ‖ 省图

[嘉庆]金堂县志九卷首一卷末一卷
（清）谢惟杰修　（清）陈一津（清）黄烈纂　清嘉庆十六年（1811）刻道光二十四年（1844）杨得质补刻本　线装本 ‖ 省图　成都（存卷三至八）　泸州　新都　都江堰　川大　川师大　省社科院

[嘉庆]金堂县志
金堂县地方志办公室整编　二〇一三年影印本　平装本 ‖ 省图

[同治]续金堂县志八卷首一卷末一卷
（清）王树桐（清）徐璞玉修　（清）米绘裳等纂　清同治六年（1867）刻本　线装本 ‖ 省图　成都　南充　都江堰　川大　川师大　省社科院

[同治]续金堂县志八卷首一卷末一卷
金堂县地方志办公室整编　二〇一〇年影印本　平装本 ‖ 省图

[民国]金堂县续志十卷首一卷
王暨英修　曾茂林等纂　民国十年（1921）刻本　线装本 ‖ 省图　成都　泸州　南充　达州　青羊（不全）　温江（不全）　高县　川博　省文史馆

[民国]金堂县续志十卷
王暨英修　民国十年（1921）石印本　线装本 ‖ 遂宁

金堂县县政概况不分卷
朱彦林编　民国三十四年（1945）稿本　线装本 ‖ 省图

金堂县乡土志不分卷
（清）刘肇烈　陈嘉树等编　一九六〇年余中英抄本　线装本
‖ 省图

金堂县乡土志四卷
（清）刘肇烈　陈嘉树等编　一九六〇年传抄清末抄本　胶卷
‖ 省图

[光绪]金堂乡土志
金堂县地方志办公室整编　二〇〇九年影印本　平装本 ‖ 省图

重修四川通志金堂采访录不分卷
陈时江辑述　民国十三年（1924）金堂县征集申本抄本　线装本
‖ 川博

重修四川通志金堂采访录五十八卷
陈时江辑　民国十五年（1926）抄本　胶卷 ‖ 省图

金堂县清代文献类编十四卷附补遗
陈时江辑述　民国十三年（1924）金堂县征集申本手抄本　线装本
‖ 川博

大邑县

[乾隆]大邑志四卷
（清）宋载纂修　清乾隆十七年（1752）刻本　线装本 ‖ 川大

[乾隆]大邑县志四卷
（清）宋载纂修　清乾隆十九年（1754）刻本　线装本 ‖ 大邑

[乾隆]大邑县志四卷
（清）宋载纂修　清乾隆刻本　胶卷　‖　省图

[同治]大邑县志二十卷
（清）赵霦等纂修　清同治六年（1867）刻本　线装本　‖　省图　成都（不全）　泸州　达州　大邑（不全）　犍为（不全）　西南民大（不全）

[同治]大邑县志二十卷
（清）赵霦等纂修　清同治六年（1867）刻清光绪二年（1876）林嘉澍、余上富增刻本　线装本　‖　省图（存卷一至十七）　川大

[同治]大邑县志二十卷
（清）赵霦等纂修　清同治六年（1867）刻本　胶卷　‖　省图

[民国]大邑县志十四卷附大邑文征一卷大邑诗征二卷
王铭新修　钟毓灵等纂　解汝襄补修　龚维锜等补纂　民国十九年（1930）铅印本　线装本　‖　省图　成都　南充　青羊（不全）　大邑　荣县（存卷一至九、十二至十三）　川大　川博（不全）　省文史馆　自贡盐业博物馆

[民国]大邑县志十四卷附大邑文征一卷大邑诗征二卷
王铭新修　钟毓灵等纂　解汝襄补修　龚维锜等补纂　民国稿本　线装本　‖　省图（存卷十一至十二）

[民国]重修大邑县志
郭鸿厚等纂　民国三十四年（1945）铅印本　线装本　‖　成都

[民国]大邑县志十四卷附大邑文征一卷大邑诗征二卷
王铭新修　钟毓灵等纂　解汝襄补修　龚维锜等补纂　一九六七年台湾学生书局影印本　线装本　‖　省图

[乾隆]大邑志四卷

（清）宋载纂修　陈煊德等校注　一九九八年大邑县地方志办公室重印本　平装本 ‖ 省图　泸州

[乾隆]大邑县志四卷

（清）宋载纂修　二〇〇一年故宫博物院影印故宫珍本丛刊本　平装本 ‖ 省图

[民国]大邑志校注

周九香编　二〇一七年巴蜀书社铅印本　平装本 ‖ 省图

大邑乡土志不分卷

（清）绍曾修　（清）查体仁纂　据清光绪三十一年（1905）修抄本　线装本 ‖ 川大

大邑乡土志不分卷

（清）绍曾修　（清）查体仁纂　一九六〇年传抄清光绪抄本　胶卷 ‖ 省图

大邑县乡土志不分卷

（清）绍曾修　（清）查体仁纂　一九六〇年陈建威抄本　线装本 ‖ 省图

大邑县天主教志

卫复华编纂　大邑县政协会编　线装本 ‖ 泸州

大邑名胜丛刊：大邑名胜拾遗

卫复华编纂　一九八四年大邑县政协大邑影印　平装本 ‖ 西昌

大邑名胜丛刊：蜀中名胜选记

卫复华编纂　一九九四年大邑县政协大邑影印　平装本 ‖ 西昌

大邑名胜丛刊：箭道居友人手札
卫复华编纂　一九九四年大邑县政协大邑影印　平装本 ‖ 西昌

大邑名胜丛刊：晋原诗征续集
卫复华编纂　一九九四年大邑县政协大邑影印　平装本 ‖ 西昌

大邑名胜丛刊：韦行论丛
卫复华编纂　一九九四年大邑县政协大邑影印　平装本 ‖ 西昌

大邑名胜丛刊：鹤鸣山论文集
卫复华编纂　一九九九年大邑县政协大邑影印　平装本 ‖ 西昌

大邑名胜丛刊：大邑县天主教志
卫复华编纂　一九九三年大邑县政协大邑影印　平装本 ‖ 西昌

大邑名胜丛刊：鹤鸣山志
卫复华编纂　一九九四年大邑图书馆影印　平装本 ‖ 西昌

蒲江县

[乾隆]蒲江县志四卷
（清）纪曾荫修　（清）黎攀桂（清）马道亨纂　清乾隆四十九年（1784）刻本　线装本 ‖ 川大

[乾隆]蒲江县志四卷
（清）纪曾荫修　（清）黎攀桂（清）马道亨纂　清同治五年（1866）重刻乾隆四十九年（1784）本　线装本 ‖ 成都　泸州　蒲江

[乾隆]蒲江县志四卷
（清）纪曾荫修　（清）黎攀桂　（清）马道亨纂　一九六一年熊承显抄本　线装本 ‖ 省图

[乾隆]蒲江县志四卷
（清）纪曾荫修　（清）黎攀桂　（清）马道亨纂　二〇〇一年故宫博物院影印故宫珍本丛刊本　平装本 ‖ 省图

[光绪]蒲江县志五卷

（清）孙清士修 （清）解璜（清）徐元善纂 清光绪四年（1878）刻本 线装本 || 省图 成都 青羊（不全） 蒲江 川大 川师大 省社科院 省文史馆

蒲江县乡土志二卷

杨子元编 据清光绪三十四年（1908）修抄本 线装本 || 川大

蒲江县乡土志二卷

杨子元编 一九六〇年熊承显抄本 线装本 || 省图

蒲江县乡土志

杨子元编 一九六〇年传抄清光绪三十四年（1908）抄本 胶卷 || 省图

蒲江乡土地理备考

□□撰 民国抄本 胶卷 || 省图

蒲江县乡土地理读本不分卷

杨子元编 民国五年（1916）刻本 线装本 || 省图 蒲江

蒲江乡土地理人物备考不分卷

杨子元编 民国十七年（1928）吴鼎三抄本 线装本 || 省图

四川省蒲江县概况

蒲江县政府编 民国三十五年（1946）覆写本 胶卷 || 省图

新津县

[康熙]新津县志一卷

（清）伦可大修 （清）熊占祥纂 清康熙二十五年（1686）刻本 胶卷 || 川大

[康熙]新津县志一卷

（清）伦可大修 （清）熊占祥纂 二〇〇一年故宫博物院影印故宫

珍本丛刊本　平装本 ‖ 省图

[道光]新津县志四十卷首一卷
（清）王梦庚原修　（清）陈霁学增修　（清）童宗沛纂　（清）叶芳模等增纂　清道光九年（1829）刻本　线装本 ‖ 省图　成都（不全）大邑（不全）　蒲江（不全）　新津（不全）　川大

[道光]新津县志四十卷首一卷
（清）王梦庚原修　（清）陈霁学增修　（清）童宗沛纂　（清）叶芳模等增纂　清道光九年（1829）刻十九年（1839）增刻本　线装本 ‖ 省图　川大

[道光]新津县志四十卷首一卷
（清）王梦庚原修　（清）陈霁学增修　（清）童宗沛纂　（清）叶芳模等增纂　民国十一年（1922）铅印本　线装本 ‖ 省图　成都青羊（不全）　川大　省社科院

[道光]新津县志四十卷首一卷
（清）王梦庚原修　（清）陈霁学增修　（清）童宗沛纂　（清）叶芳模等增纂　民国间石印本　线装本 ‖ 川博

新津县乡土志二卷
（清）禄勋编　清光绪抄本　线装本 ‖ 省图

新津县乡土志二卷
（清）禄勋编　清宣统元年（1909）铅印本　线装本 ‖ 省图　川大

自贡市［民国二十八年（1939），设立自贡市］

自贡市市政概况不分卷
刘仁庵编　民国三十四年（1945）铅印本　线装本 ‖ 省图　自贡盐业博物馆　省社科院

自贡市市政概况不分卷

赵世杰编　民国三十七年（1948）油印本　线装本 ‖ 省图

荣　县

[乾隆]荣县志四卷附补遗一卷

（清）黄大本纂修　二〇〇一年故宫博物院影印故宫珍本丛刊本
平装本 ‖ 省图

[嘉庆]荣县志十卷

（清）许源修　（清）唐张友等纂　清嘉庆十七年（1812）刻本　线
装本 ‖ 省图

[嘉庆]荣县志十卷

（清）许源修　（清）唐张友等纂　清嘉庆十七年（1812）刻本　胶
卷 ‖ 省图

[嘉庆]荣县志十卷

（清）许源修　（清）唐张友等纂　一九八四年宛成德誊抄省图藏清
嘉庆本　平装本 ‖ 荣县

[道光]荣县志三十八卷首一卷

（清）王培荀等纂修　清道光二十五年（1845）刻本　线装本
‖ 省图

[道光]荣县志三十八卷首一卷

（清）王培荀等纂修　清道光二十五年（1845）刻光绪三年（1877）
张峨峰增刻本　线装本 ‖ 省图　青羊　大邑　川大　自贡盐业博
物馆

[同治]荣昌县志二十二卷

（清）文康修　（清）廖朝翼纂　清同治四年（1865）刻本　线装本

‖ 成都（存卷一至二、十五至十九）

[民国]荣县志十七篇
廖世英等修　赵熙等纂　民国十八年（1929）刻本　线装本 ‖ 省图
成都　泸州　达州　川大　西华师大　川博　自贡盐业博物馆　省
文史馆

[民国]荣县志十五卷附图
廖世英等修　民国十八年（1929）刻本　线装本 ‖ 南充　荣县（不全）

[民国]荣县志十五卷附图表十七篇
赵熙等纂辑　民国二十年（1931）刻本　线装本 ‖ 自贡　自贡盐业
博物馆

荣县物产志不分卷
赵熙撰　手稿本　线装本 ‖ 省图

荣县学田章程不分卷
（清）唐选皋撰　清光绪十八年（1892）刻本　线装本 ‖ 荣县

荣县概况一卷
荣县县政府秘书室编　民国铅印本　线装本 ‖ 自贡盐业博物馆

富顺县

[乾隆]富顺县志五卷首一卷
（清）段玉裁（清）李芝纂修　清光绪八年（1882）重刻乾隆四十
二年（1777）本　线装本 ‖ 省图　成都　大邑　中江　剑阁（存卷首、
一）川大　西华师大　川博　省社科院

[乾隆]富顺县志五卷首一卷
（清）段玉裁（清）李芝等纂修　清光绪八年（1882）釜江书社刻本

线装本 ‖ 成都　泸州　自贡　遂宁　达州　绵竹　射洪　阆中
犍为（存卷二至五）　川师大　西南民大　内江师院　省文史馆　自
贡盐业博物馆

[乾隆]富顺县志五卷首一卷
（清）段玉裁（清）李芝纂修　清刻本　线装本 ‖ 遂宁（存卷五）

[乾隆]富顺县志五卷首一卷
（清）段玉裁（清）李芝纂修　二〇一三年富顺县地方志办公室据清光
绪八年（1882）重刻本影印　平装本 ‖ 省图　广安区（存卷三至四）

[乾隆]富顺县志二十卷
（清）熊葵向修　（清）周士诚等纂　二〇〇一年故宫博物院影印故
宫珍本丛刊本　平装本 ‖ 省图

[道光]富顺县志三十八卷
（清）张利贞等修　（清）黄靖图（清）朱偓等纂　清道光七年（1827）
刻本　线装本 ‖ 省图　川大

[道光]富顺县志三十八卷
（清）张利贞等修　（清）黄靖图（清）朱偓等纂　清道光七年（1827）
刻本　胶卷 ‖ 省图

[同治]富顺县志三十八卷
（清）罗廷权等修　（清）吕上珍等纂　清同治十一年（1873）刻本
线装本 ‖ 泸州　川大　自贡盐业博物馆

[同治]富顺县志三十八卷
（清）罗廷权等修　（清）吕上珍等纂　一九六一年抄本　线装本 ‖ 省图

[民国]富顺县志十七卷首一卷
彭文治　李永成　宋育仁等修　民国二十年（1931）刻本　线装本
‖ 省图　泸州　自贡　川大　川博　自贡盐业博物馆

[民国]富顺县志十七卷

彭文治 李永成 宋育仁等修 民国二十年（1931）富顺述古斋刻本 线装本 || 富顺

[民国]富顺县志十七卷

彭文治 李永成 宋育仁等修 民国二十年（1931）成都协美印刷公司铅印本 线装本 || 阆中（存卷一至三、六至九、十二至十三） 西华师大

[民国]富顺县志十七卷

彭文治 李永成 宋育仁等修 民国二十一年（1932）刻本 线装本 || 成都 乐山 青羊（不全） 省社科院 省文史馆

富顺县乡土志不分卷

（清）陈运昌编 抄本 线装本 || 川大

富顺县乡土志不分卷

（清）陈运昌等编 一九六〇年陈建威抄本 线装本 || 省图

攀枝花市［①1965 年，攀枝花特区改名为渡口市；1987 年，渡口市更名为攀枝花市。②民国二年（1913）盐边厅改为盐边县］

盐边厅乡土志不分卷

杨松年编 民国元年（1912）刻蓝印本 线装本 || 省图

盐边厅乡土志不分卷

杨松年编 民国元年（1912）刻一九五〇年抄本 线装本 || 川大

盐边概况资料辑要

边政设计委员会编 民国二十六年（1937）油印本 线装本 || 川大

泸州市［民国二年（1913），撤销泸州直隶州，改称泸县。1950年，泸县分置市、县，设立泸州市，泸县隶属关系不变］

[永乐]泸州志四卷

（明）口口纂 （清）缪荃孙辑 （清）陈是正订并补目 民国铅印本 线装本 ‖ 省图（存上二卷） 川大

[乾隆]直隶泸州志八卷

（清）夏诏新修 （清）周其祚等纂 二〇〇一年故宫博物院影印故宫珍本丛刊本 平装本 ‖ 省图

[嘉庆]直隶泸州志十二卷

（清）沈昭兴修 （清）余观和等纂 清嘉庆二十五年（1820）刻本 线装本 ‖ 省图 川大

[嘉庆]直隶泸州志十二卷

（清）沈昭兴修 （清）余观和（清）王元本等纂 清嘉庆二十五年（1820）刻道光间重印本 线装本 ‖ 省图 草堂博物馆（不全）

[嘉庆]直隶泸州志十二卷

（清）沈昭兴修 （清）余观和（清）王元本等纂 清光绪八年（1882）刻本 线装本 ‖ 泸州 青羊 川大 川博 省社科院

[光绪]直隶泸州志十二卷

（清）田秀栗（清）邓林修 （清）华国清（清）施泽久等纂 清光绪八年（1882）刻本 线装本 ‖ 省图 青羊 内江师院

[光绪]直隶泸州志十二卷

（清）田秀栗（清）邓林修 （清）华国清（清）施泽久等纂 清光绪八年（1882）刻本 胶卷 ‖ 省图

[民国]泸县志八卷

王禄昌 裴纲修 高觐光 欧阳廷㝬续补 民国二十七年（1938）刻本 线装本 || 达州 西华师大

[民国]泸县志八卷

王禄昌 裴纲修 高觐光 欧阳廷㝬续补 民国二十七年（1938）久康铅石印刷社铅印本 线装本 || 成都 泸州 南充 雅安 青羊 郭都（不全） 叙永 川大 内江师院 省社科院 省文史馆

[民国]泸县志八卷

王禄昌 裴纲修 高觐光 欧阳廷㝬续补 巴蜀书社一九九二年影印本 平装本 || 省图

[民国]泸县志八卷

王禄昌 裴纲修 高觐光 欧阳廷㝬续补 二〇〇五年方志出版社出版 平装本 || 省图

[光绪]泸州九姓乡志四卷

（清）任五采 （清）车登衢等修 清光绪八年（1882）刻本 线装本 || 省图 泸州 青羊（不全）

[光绪]泸州九姓乡志四卷

（清）任五采 （清）车登衢等修 清光绪八年（1882）抄本 线装本 || 西南民大

[光绪]泸州九姓乡志四卷

（清）任五采 （清）车登衢等修 民国间抄本 线装本 || 省图（存卷一至二） 川大

泸州市志初稿

泸州市修志办编 一九六〇年油印本 线装本 || 省社科院

泸州乡土地理三十一章

（□）□□编 清光绪三十四年（1908）刻本 线装本 || 泸州

泸县乡土地理二卷

李昌言编 民国三十八年（1949）石印本 线装本 || 川大

泸县全图

李昌言编 一九五〇年泸县慈善路人文书局编 线装本 || 泸州

泸县一览

王伟仁编著 民国三十六年（1947）泸县光华书局铅印本 线装本 || 泸州 省社科院

纳溪区（1996年，纳溪撤县，设立纳溪区）

[嘉庆]纳溪县志十卷

（清）赵炳然 （清）陈廷钰纂修 清嘉庆十八年（1813）刻本 线装本 || 省图 泸州 青羊（不全） 川大

[嘉庆]纳溪县志十卷

（清）赵炳然 （清）陈廷钰纂修 民国九年（1920）石印本 线装本 || 省图 泸州 青羊 省文史馆

[嘉庆]纳溪县志十卷

（清）赵炳然 （清）陈廷钰纂修 民国二十六年（1937）铅印本 线装本 || 省图 泸州 川博 省社科院

合江县

[乾隆]合江县志八卷

（清）叶体仁修 （清）朱维辟等纂 二〇〇一年故宫博物院影印故宫珍本丛刊本 平装本 || 省图

[嘉庆]合江县志五十四卷

（清）秦湘修　（清）杨致道（清）郑国楹纂　清嘉庆十八年（1813）
刻本　线装本 ‖ 泸州　川大

[嘉庆]合江县志五十四卷

（清）秦湘修　（清）杨致道（清）郑国楹纂　一九六〇年代抄本　线
装本 ‖ 省图

[同治]合江县志五十四卷首一卷

（清）秦湘修　（清）杨致道（清）郑国楹纂　（清）瞿树荫等增修
（清）罗增垣等增纂　清同治十年（1871）增刻本　线装本 ‖ 省图
泸州　青羊（不全）　川大　川师大　省社科院

[民国]合江县志六卷附合江文征四卷

王玉璋修　刘天锡　张开文等纂　民国十四年（1925）重庆启文印刷
公司铅印本　线装本 ‖ 川博

[民国]合江县志六卷附合江文征四卷

王玉璋修　刘天锡　张开文等纂　穆自昭辑　民国十八年（1929）铅
印本　线装本 ‖ 省图　乐山　南充　达州　崇州（不全）川大　省
社科院　省委党校　自贡盐业博物馆

[民国]合江县志六卷附合江文征四卷

王玉璋修　刘天锡　张开文等纂　穆自昭辑　民国抄本　线装本
‖ 省图　省文史馆

[民国]合江县志六卷附合江文微四卷

王玉璋修　刘天锡　张开文等纂　穆自昭辑　民国十八年（1929）合
江县署铅印本　线装本 ‖ 简阳

[民国]合江县志六卷

王玉璋修　刘天锡　张开文等纂　穆自昭辑　民国十八年（1929 年）
重庆启文印刷公司铅印本　线装本 ‖ 泸州　省委党校（缺卷一）

[民国]合江县志六卷

王玉璋修 刘天锡 张开文等纂 穆自昭辑 二〇一三年泸州合江县地方志办公室影印本 线装本 ‖ 省图

叙永县 [①清宣统元年（1912），改叙永直隶厅为永宁直隶厅。民国二年（1912），改永宁直隶州为叙永县。②清光绪三十四年（1908），成立古宋县，隶属永宁直隶厅。1960年，撤县]

[康熙]叙永厅志二卷

（清）宋敏学修 （清）袁斯恭等纂 清康熙二十五年（1686）刻本 胶卷 ‖ 川大

[康熙]叙永厅志二卷

（清）宋敏学修 （清）袁斯恭等纂 二〇〇一年故宫博物院影印故宫珍本丛刊本 平装本 ‖ 省图

[嘉庆]直隶叙永厅志四十八卷

（清）周伟业修 （清）褚彦昭等纂 清嘉庆十七年（1812）刻本 线装本 ‖ 川大

[嘉庆]直隶叙永厅志四十八卷

（清）周伟业修 （清）褚彦昭等纂 清嘉庆十七年（1812）刻本 （卷一至十配清抄本） 线装本 ‖ 省图

[嘉庆]直隶叙永厅志四十七卷首一卷

（清）周伟业修 （清）诸彦昭等纂 一九六六年抄本 线装本 ‖ 省图

[嘉庆]直隶叙永厅志四十八卷

（清）周伟业修 （清）褚彦昭等纂 清抄本 线装本 ‖ 省图（存卷十一至十七、三十二）

[嘉庆]直隶叙永厅志四十八卷

（清）周伟业修　（清）褚彦昭等纂　清抄本　线装本 || 省图（存卷一至九）　清李钰霖题跋

[民国]叙永县志八卷

赖佐唐等修　宋曙等纂　民国二十二年（1933）铅印本　线装本 || 南充　叙永（存卷一至三、六至八）

[民国]叙永县志八卷

赖佐唐等修　宋曙等纂　民国二十四年（1935）铅印本　线装本 || 省图　成都　泸州　达州　青羊　川大　省文史馆

[民国]叙永县志八卷

赖佐唐等修　宋曙等纂　一九九二年巴蜀书社影印本　平装本 || 省图

[光绪]续修叙永永宁厅县合志五十四卷首一卷

（清）邓元镒等修　（清）万慎等纂　清光绪三十四年（1908）铅印本　线装本 || 泸州　叙永（存卷二至三、五至三十六、四十二至四十四、首）　青羊　川大　省社科院

[民国]古宋县志初稿十一卷

（□）□□撰　民国二十四年（1935）石印本　线装本 || 省图　成都　达州　川大　省社科院　省文史馆

[民国]古宋县志初稿十一卷

（□）□□撰　民国二十四年（1935）石印本　胶卷 || 省图

永宁县乡土志不分卷

（清）□□编　清末抄本　线装本 || 川大

永宁县乡土志不分卷

（清）□□编　一九六○年李雅髯抄本　线装本 || 省图

[乾隆]九姓司志二卷

（清）任启烈等纂修 （清）任履肃等续纂 清乾隆刻咸丰修补重印本 线装本 ‖ 省图

德阳市（1983 年设立德阳市）

[嘉庆]德阳县志五十四卷

（清）吴经世修 （清）吴闻世（清）廖家骃等纂 清嘉庆二十年（1815）刻本 线装本 ‖ 省图（存卷一、十五至五十四） 泸州 青羊（不全） 川大 川师大

[嘉庆]德阳县志五十四卷

（清）吴经世修 （清）吴闻世（清）廖家骃纂 一九六一德阳县文化馆油印本 线装本 ‖ 川博

[道光]续增德阳县志十卷

（清）王开元修 （清）廖家骥等纂 清道光五年（1825）刻本 线装本 ‖ 省图 青羊（不全） 川大

[道光]德阳县新志十二卷首一卷末一卷

（清）裴显忠修 （清）陈一津（清）刘硕辅纂 清道光十七年（1837）刻本 线装本 ‖ 省图 达州 郫都（存卷三至五） 川大 西南民大 川博 省社科院

[道光]德阳县新志十二卷首一卷末一卷

（清）裴显忠修 （清）陈一津 （清）刘硕辅纂 清道光十七年（1837）刻本 胶卷 ‖ 省图

[同治]德阳县志四十四卷首一卷

（清）何庆恩等修 （清）刘宸枫（清）田正训等纂 清同治十三年（1874）刻本 线装本 ‖ 省图 川大

[光绪]德阳县志续编十卷首一卷末一卷
（清）钮传善修 （清）李炳灵（清）杨藻纂 清光绪三十一年（1905）
刻本 线装本 ‖ 省图 郫都（存卷十、末一卷、补遗一卷） 绵竹
（缺卷首、一、七） 川大 川博 草堂博物馆

[光绪]德阳县新志十二卷首一卷末一卷图三幅
（清）裴显忠（清）陈一津等纂修 清光绪三十一年（1905）石印本
线装本 ‖ 郫都（存卷首、一至二）

[光绪]德阳县新志十二卷首一卷末一卷
（清）裴显忠（清）陈一津等纂修 清刻本 线装本 ‖ 绵竹（缺卷
首、一、七）

[民国]德阳县志五卷
熊卿云 汪仲夔修 洪烈森等纂 民国二十八年（1939）铅印兼石
印本 线装本 ‖ 省图 泸州 川大 西华师大 川博 省社科院

[民国]德阳县志五卷
熊卿云 江仲夔修 洪烈森等纂 民国二十八年（1939）铅印兼石
印本 胶卷 ‖ 省图

德阳县志四卷
（清）吴经世修 民国二十六年（1937）德阳县修志委员会委托成都
福民印刷公司铅印本 线装本 ‖ 德阳（存卷一）

德阳县志五卷
（清）吴经世修 民国影印本 线装本 ‖ 德阳（存卷二至五）

德阳县志四卷
（清）吴经世修 文化馆一九六一年油印清嘉庆二十年（1815）抄本

线装本 ‖ 德阳

德阳县乡土志二卷
（清）□□编　民国王少兰抄本　线装本 ‖ 省图

德阳县乡土志二卷
（清）□□编　民国四川通志馆抄本　线装本 ‖ 省图

德阳县乡土志
（清）□□编　民国抄本　胶卷 ‖ 省图

德阳县乡土志教科书一卷
□□编　民国间抄本　线装本 ‖ 省图

德阳县乡土志
（清）□□纂　清末抄本　线装本 ‖ 川大

广汉市［民国二年（1913），改汉州为广汉县。1987年，撤县设市］

[乾隆]汉州志十四卷首一卷
（清）张琏修　（清）侯国栋等纂　清乾隆十一年（1746）刻二十二年（1757）李识蒙、吴煌增刻一九五八年吴玮廑抄配本　（吴玮廑抄配本为卷二至十四）　线装本 ‖ 省图

[嘉庆]汉州志四十卷首一卷末一卷
（清）刘长庚修　（清）侯肇元（清）张怀泗纂　清嘉庆二十二年（1817）刻本　线装本 ‖ 省图　成都(不全)　泸州　达州　青羊(不全)　广汉（存卷二十九至三十二、三十五至三十六）　中江　江油　川大　西华师大　内江师院　草堂博物馆　省社科院　省文史馆

[嘉庆]汉州志四十卷
（清）刘长庚修　（清）候肇元（清）张怀泗纂　清道光十三年（1833）

刻本　线装本 || 泸州

[同治]续汉州志二十四卷首一卷补志一卷
（清）张超等修　（清）曾履中（清）张敏行纂　清同治八年（1869）
刻本　线装本 || 省图　成都（不全）　泸州　乐山　都江堰　中江
（不全）　川大　内江师院　草堂博物馆　省社科院　省文史馆

[同治]续汉州志二十四卷
（清）张超等修　（清）曾履中（清）张敏行纂　清末刻本　线装本
|| 中江（存卷二十二至二十三）

[同治]续汉州志二十四卷
（清）张超等修　（清）曾履中（清）张敏行纂　民国间萧笔光社翻
刻本　线装本 || 泸州　川博

[民国]广汉县志略不分卷
（英国）汉明灯纂　民国间抄本　线装本 || 省图

[民国]广汉县志略不分卷
（英国）汉明灯纂　民国十年（1921）抄本　胶卷 || 省图

绳乡纪略
（清）张邦仲修　清嘉庆年间修稿本　线装本 || 川大

什邡市（1994年，撤销什邡县，设立什邡市）

[乾隆]什邡县志十八卷首一卷
（清）史进爵修　（清）朱音恬纂　清乾隆十三年（1748）刻本　线
装本 || 省图（存卷三至十三、十七至十八）

[乾隆]什邡县志十八卷首一卷
（清）史进爵修　（清）朱音恬纂　据清乾隆十三年（1748）复印本
线装本 || 川大

[嘉庆]什邡县志五十四卷

（清）纪大奎修 （清）林时春纂 清嘉庆十七年（1812）刻本 线装本 ‖ 遂宁（存卷一至三十二）

[嘉庆]什邡县志五十四卷

（清）纪大奎修 （清）林时春等纂 清嘉庆十八年（1813）刻本 （卷六至十一配乾隆十三年刻本） 线装本 ‖ 省图

[嘉庆]什邡县志五十四卷

（清）纪大奎修 （清）林时春等纂 清嘉庆十八年（1814）什邡县文昌阁刻本 线装本 ‖ 成都

[嘉庆]什邡县志五十四卷

（清）纪大奎修 （清）林时春等纂 （清）王之俊增刻 清嘉庆十八年(1813)刻道光十六年(1836)增刻本 线装本 ‖ 省图 成都 泸州 雅安 川大

[嘉庆]什邡县志五十四卷

（清）纪大奎修 （清）林时春等纂 民国间铅印本 线装本 ‖ 省图 乐山 川大 西华师大 省社科院 省文史馆

[同治]增修什邡县志五十四卷

（清）傅华桂修 （清）王玺尊等纂 清同治四年（1865）刻本 线装本 ‖ 成都(存卷一至四、九至三十七、四十八至五十三) 绵竹 川大 内江师院

[民国]重修什邡县志十卷

王文照 曾庆奎 吴江修 民国十八年(1929)铅印本 线装本 ‖ 省图 成都 南充 青羊 简阳 川大 川博

什邡县县政概况不分卷

张洪炳编 民国三十五年（1946）复写本 线装本 ‖ 省图

绵竹市（1996年，撤销绵竹县，设立绵竹市）

[嘉庆]绵竹县志四十四卷
（清）沈瓖等修　（清）黄步青纂　清嘉庆十八年（1813）刻本　线装本 ‖ 省图　川大

[嘉庆]绵竹县志四十四卷
（清）沈瓖等修　（清）黄步青纂　二〇〇三年绵竹县志办重印清嘉庆十八年（1813）刻本　平装本 ‖ 省图

[道光]绵竹县志四十六卷
（清）刘庆远修　（清）沈心如等纂　清道光二十九年（1849）刻本　线装本 ‖ 省图　泸州　川大　内江师院

[道光]绵竹县志四十六卷
（清）刘庆远修　（清）沈心如等纂　二〇〇三年绵竹县志办重印清道光二十九年（1849）刻本　平装本 ‖ 省图

[民国]绵竹县志十八卷
王佐　文显谟修　黄尚毅等纂　民国八年（1919）孔庙刻本　线装本 ‖ 南充　达州　西华师大　川博　省社科院　省文史馆

[民国]绵竹县志十八卷
王佐　文显谟修　黄尚毅等纂　民国九年（1920）刻本　线装本 ‖ 成都　遂宁　青羊　川大

绵竹县志典礼志一卷附刘杨合传
黄尚毅等纂　民国铅印本　线装本 ‖ 省图

绵竹县乡土志不分卷
（清）田明理　黄尚毅纂修　清光绪三十四年（1908）刻本　线装本 ‖ 省图　成都　青羊　郫都　大邑　都江堰文管所

绵竹县乡土志不分卷

（清）田明理　黄尚毅纂修　二〇〇三年绵竹县志办重印清光绪三十四年（1908）刻本　平装本 ‖ 省图

绵竹县土地图

（□）□□修　清铅印本　线装本 ‖ 青羊

中江县

[乾隆]中江县志十二卷首一卷

（清）张松孙修 （清）陈景韩纂　清乾隆五十二年（1787）刻本　线装本 ‖ 省图

[乾隆]中江县志十二卷首一卷

（清）张松孙修 （清）陈景韩纂　二〇〇一年故宫博物院影印故宫珍本丛刊本　平装本 ‖ 省图

[嘉庆]中江县志六卷

（清）陈此和修 （清）戴文奎等纂　据清嘉庆十七年（1812）修抄本　线装本 ‖ 川大

[嘉庆]中江县志六卷

（清）陈此和修 （清）戴文奎等纂　一九六一年熊承显抄本　线装本 ‖ 省图

[嘉庆]中江县志六卷

钟力生总编　中江县地方志编纂委员会点校　二〇一六年四川科学技术出版社铅印本　平装本 ‖ 省图

[道光]中江县新志八卷首一卷

（清）杨需修 （清）李福源（清）范泰衡等纂　清道光十九年（1839）刻本　线装本 ‖ 省图　青羊（不全）　川大　省社科院

[同治]中江县新志补遗续编二卷

（清）李星根纂　清同治五年（1866）刻本　线装本 ‖ 省图　泸州　川大　省社科院

中江县志□□卷

（□）□□编　清刻本　线装本 ‖ 西昌（存卷二）

[民国]中江县志二十四卷首一卷

谭毅武修　陈品全纂　民国十九年（1930）日新印刷工业社铅印本　线装本 ‖ 省图　成都　泸州　遂宁　南充　达州　郫都（存卷首至三、九至二十四）荣县　射洪（缺卷四至六、十二至十五）高县　川大　西华师大　川博　草堂博物馆　省社科院　省文史馆

[民国]中江县志二十四卷首一卷

彭勇编　中江县地方志编纂委员会校勘　二〇一六年四川科学技术出版社铅印本　平装本 ‖ 省图

中江县乡土志不分卷

（清）游一夔编　一九六〇年陈建威抄本　线装本 ‖ 省图

罗江县（2017年，撤销罗江县，设立罗江区）

[乾隆]直隶绵州罗江县志十四卷首一卷

（清）沈潜　（清）阚昌言纂修　清乾隆十年（1745）刻本　线装本 ‖ 省图（存卷首、一至七、十二至十四）西昌　江油　川大　川师大

[嘉庆]罗江县志三十六卷

（清）李桂林等纂修　清嘉庆二十年（1815）刻本　线装本 ‖ 省图　泸州　川大

[嘉庆]罗江县志三十六卷

（清）李桂林等纂修　清嘉庆二十年（1815）刻同治四年（1865）重刻本　线装本 ‖ 省图　成都　南充　达州　郫都（存卷一至二十

五、三十六） 都江堰 荣县 绵竹 安州区 西充（存卷一至十六） 巴州区（存卷十九至二十五、三十六） 川大 川师大 西南民大 川博 省社科院 省文史馆

[嘉庆]罗江县志十卷

（清）李调元纂修 清乾隆绵州李氏万卷楼刻嘉庆十四年（1809）李鼎元重校印函海本 线装本 || 省图

[嘉庆]罗江县志十卷

（清）李调元纂修 清道光四至五年（1824—1825）刻本 线装本 || 青羊（不全）

[嘉庆]罗江县志十卷

（清）李调元纂修 清道光五年（1825）刻本 线装本 || 郫都（存卷六至十） 都江堰文管所

[嘉庆]罗江县志十卷

（清）李调元纂修 清光绪八年（1882）广汉钟登甲乐道斋刻函海本 线装本 || 省图 成都（存卷一、五至十） 泸州 南充 高县

[嘉庆]罗江县志十卷

（清）李调元纂修 民国二十五年（1936）上海商务印书馆铅印丛书集成初编本 线装本 || 省图 自贡 荣县

[嘉庆]罗江县志十卷

（清）李调元纂修 清末刻本 线装本 || 德阳（存卷三十六）

[同治]续修罗江县志二十四卷

（清）马传业修 （清）刘正慧等纂 清同治四年（1865）刻本 线装本 || 省图 泸州 南充 郫都（存卷十七至二十四） 绵竹 安州区（存卷一至十六） 犍为 川大 西南民大 内江师院 川博 省社科院 省文史馆

[□□]罗江县志□□卷
（□）□□修　清刻本　线装本 ‖ 犍为（存卷十七至三十六）

罗江县乡土志不分卷
（□）□□修　一九六〇年传抄清末抄本　胶卷 ‖ 省图

罗江县乡土志不分卷
（清）□□编　一九六〇年熊承显抄本　线装本 ‖ 省图

绵阳市[① 龙安府治地位于今平武县龙安镇，中华民国二年（1913）废除。② 清雍正十二年（1734），改潼川州为潼川府，辖三台等八县，民国二年（1913）撤潼川府。③ 民国初年，改绵州为绵阳县，1979 年撤销绵阳县，并入县级绵阳市。1985 年，绵阳市升为地级市]

[康熙]龙安府志不分卷
（清）□□撰　民国二十一年（1932）抄本　胶卷 ‖ 川大

[道光]龙安府志十卷
（清）邓存咏等纂修　清抄本　线装本 ‖ 省图（存卷二）

[道光]龙安府志十卷
（清）邓存咏 （清）张方觐等纂修　清道光二十二年（1842）刻本
线装本 ‖ 省图　泸州　青羊（不全）　川大　省社科院

[嘉靖]潼川志十卷
（明）陈讲等纂修　明嘉靖二十九年（1550）刻本　线装本 ‖ 遂宁

[嘉靖]潼川志十卷
（明）陈讲等纂修　明嘉靖二十九年（1550）刻抄本　胶卷 ‖ 川大

[乾隆]潼川府志十二卷首一卷
（清）张松孙等修　（清）李芳谷纂　清乾隆五十一年（1786）刻本
线装本 ‖ 省图　川大

[乾隆]潼川府志十二卷首一卷
（清）张松孙等修　（清）李芳谷纂　清乾隆五十年（1785）刻本　胶
卷 ‖ 省图

[光绪]新修潼川府志三十卷
（清）阿麟修　（清）王龙勋等纂　清光绪二十三年（1897）刻本　线
装本 ‖ 省图　成都　遂宁（不全）　达州　青羊（不全）　郫都　安
州区（不全）　剑阁（不全）　射洪　川大　川师大　西华师大　草
堂博物馆　都江堰文管所　省社科院

[乾隆]直隶绵州志十九卷
（清）屠用谦等修　（清）何雄裔等纂　清乾隆三年（1738）刻本　线
装本 ‖ 川大

[乾隆]直隶绵州志十九卷
（清）屠用谦等修　（清）何雄裔等纂　一九六四年抄本　线装本
‖ 省图

[嘉庆]直隶绵州志五十四卷
（清）李在文（清）范绍泗修　（清）潘相等纂　清嘉庆十九年（1814）
刻本　线装本 ‖ 省图　成都（不全）　川大

[嘉庆]直隶绵州志五十四卷

（清）李在文（清）范绍泗修　（清）潘相等纂　清嘉庆十九年（1814）刻本　胶卷 ‖ 省图

[同治]直隶绵州志五十四卷

（清）文棨（清）董贻清修　（清）伍肇龄（清）何天祥纂　清同治十年（1871）刻本　线装本 ‖ 绵阳（缺卷二至七、三十九、四十）

[同治]直隶绵州志五十五卷

（清）文棨（清）董贻清修　（清）伍肇龄（清）何天祥纂　清同治十二年（1873）刻本　线装本 ‖ 省图　成都（不全）　青羊（不全）　安州区（不全）　川大　草堂博物馆　省社科院

[同治]直隶绵州志五十五卷

（清）文棨（清）董贻清修　（清）伍肇龄（清）何天祥纂　（清）资建民（清）杨旭升等标点并注　绵阳市地方志办公室整理　二〇一二年方志出版社铅印本　平装本 ‖ 省图

[同治]直隶绵州志五十五卷

（清）文棨（清）董贻清修　（清）伍肇龄（清）何天祥纂　（清）资建民（清）杨旭升等标点并注　清同治十二年（1873）刻本　胶卷 ‖ 省图

[民国]绵阳县志十卷首一卷

蒲殿钦　袁钧等修　崔映棠纂　民国二十一年（1932）刻本　线装本 ‖ 省图　成都　泸州　绵阳（不全）　南充　达州　青羊（不全）　川大　西华师大　省社科院　省文史馆

[民国]绵阳县志□□卷

（清）□□撰　稿本　线装本 ‖ 省图（存山川、人物卷）

安州区（2016年，安县撤县设区，并更名为安州区）

[乾隆]四川直隶绵州安县志四卷

（清）张仲芳纂修　清乾隆五十四年（1789）刻本　线装本 ‖ 省图
（存卷三至四）

[乾隆]四川直隶绵州安县志四卷

（清）张仲芳纂修　一九六一年李雅髯抄本　线装本 ‖ 省图

[乾隆]四川直隶绵州安县志四卷

（清）张仲芳纂修　一九六一年传抄清乾隆五十四年刻本　胶卷
‖ 省图

[乾隆]四川直隶绵州安县志四卷

（清）张仲芳纂修　二○○一年故宫博物院影印故宫珍本丛刊本
平装本 ‖ 省图

[嘉庆]安县志三十卷首一卷

（清）杨英灿纂修　清嘉庆十七年（1812）刻本　胶卷 ‖ 省图

[嘉庆]安县志三十卷首一卷

（清）杨英灿纂修　清嘉庆十八年（1813）刻本　线装本 ‖ 省图
川大

[同治]安县志三十二卷首一卷

（清）杨英灿纂修　（清）余天鹏续修　（清）陈嘉绣续纂　清嘉庆十
八年（1813）刻同治二年（1863）续修增补本　线装本 ‖ 省图　成
都（存卷一至七、十八至三十）　安州区　川大

[同治]安县志三十二卷首一卷

（清）杨英灿纂修　（清）余天鹏续修　（清）陈嘉绣续纂　清抄本
线装本 ‖ 省图

[民国]安县志十二卷

刘公旭总撰　民国二十二年（1933）石印本　线装本 || 成都　达州

[民国]安县志六十四卷

夏时行　黄恺公修　刘公旭等纂　民国二十二年（1933）稿本　线装本 || 省图（存卷二十六至三十二、四十一至六十四）民国陈绍钦批校

[民国]安县志六十四卷

夏时行　黄恺公修　刘公旭等纂　民国石印本　线装本 || 绵阳（存卷一至三十、三十三至六十）

[民国]安县志六卷附艺文一卷

成云章修　陈绍钦等纂　民国二十七年（1938）石印本　线装本 || 省图　成都　泸州　绵阳　南充　川大　西华师大　川博　省文史馆

[民国]安县志六十卷

夏时行　黄恺公修　刘公旭等纂　民国二十七年（1938）石印本　线装本 || 省图　成都　泸州　南充（存卷一至四十、五十四至六十）蓬溪　川大　省社科院

[民国]安县志六十卷

夏时行　黄恺公修　刘公旭等纂　民国二十七年（1939）石印本　胶卷 || 省图

江油县

[雍正]江油县志二卷

（清）彭阯纂修　（清）瞿绲曾增纂　清雍正五年（1727）刻乾隆二十六年（1761）瞿绲曾增刻本　线装本 || 省图

[雍正]江油县志二卷

（清）彭阯纂修 （清）瞿缉曾增纂 一九五九年成都古籍书店油印清乾隆二十六年（1761）瞿缉曾增刻本 线装本 ‖ 省图 自贡 西昌 川大 西华师大 省社科院 省文史馆

[雍正]江油县志二卷

（清）彭阯纂修 （清）瞿缉曾增纂 二〇〇一年故宫博物院影印故宫本丛刊本 平装本 ‖ 省图

[乾隆]江油县志二卷

（清）瞿缉曾纂修 清乾隆二十六年（1761）刻本 胶卷 ‖ 省图

[道光]江油县志四卷首一卷

（清）桂星纂修 清道光二十年（1840）刻本 线装本 ‖ 省图 泸州 青羊 川大 省文史馆

[光绪]江油县志二十四卷

（清）武丕文修 （清）欧培槐等纂 清光绪二十九年（1903）刻本线装本 ‖ 省图 成都 泸州（不全） 南充 达州 省社科院

彰明（彰明镇位于四川省绵阳市江油市）

[乾隆]彰明志略十卷

（清）陈谋纂修 清乾隆二十八年（1763）刻本 线装本 ‖ 川大

[乾隆]彰明志略十卷

（清）陈谋纂修 一九六〇年抄本 线装本 ‖ 省图

[乾隆]彰明志略十卷

（清）陈谋纂修 （清）邓在珩校订 二〇〇一年故宫博物院影印故宫珍本丛刊本 平装本 ‖ 省图

[同治]彰明县志五十七卷首二卷

（清）牛树梅原本 （清）何庆恩（清）韩树屏增修 （清）李朝栋等

增纂　清同治十三年（1874）刻本　线装本‖省图　成都（不全）
青羊（不全）　安州区（不全）　川大

[民国]续修彰明县志大纲不分卷
□□撰　民国间石印本　线装本‖省图　雅安

彰明县乡土志二卷
（清）杨光炯编　清光绪三十二年（1906）抄本　线装本‖川大

彰明县乡土志稿二卷
（清）杨光炯编　清光绪三十二年（1906）抄本　胶卷‖省图

彰明县乡土志二卷
（清）杨光炯编　民国间抄本　线装本‖省图

彰明县概览不分卷
刘光干编　民国三十六年（1947）油印本　线装本‖省图

[民国]四川省彰明县概况不分卷
王文彝编　民国三十年（1941）石印本　线装本‖省图　省社科院

四川省彰明县概况
彰明县政府编　民国三十一年（1941）石印本　胶卷‖省图

梓潼县

[咸丰]重修梓潼县志六卷
（清）张香海修　（清）杨曦等纂　清咸丰八年（1858）刻本　线装
本‖省图　成都　泸州　遂宁　南充　达州　青羊　绵竹　川大
川博（不全）　省社科院　省文史馆

梓潼县古迹名胜概述不分卷
谢润田著　民国三十二年（1943）石印本　线装本‖省图

北川羌族自治县 [民国三年（1914），改石泉县为北川县]

[乾隆]石泉县志十卷
（清）姜炳璋纂修 二○○一故宫博物院影印故宫珍本丛刊本 平装本 ‖ 省图

[道光]石泉县志十卷
（清）赵德林修 （清）张沆等纂 清道光十四年（1834）刻本 线装本 ‖ 省图 郫都（不全） 川大 川博

[道光]石泉县志十卷
（清）赵德林修 （清）张沆纂 清道光十三年（1833）刻本 线装本 ‖ 成都（存卷一至五） 江油

[道光]石泉县志十卷
（清）赵德林修 （清）张沆纂 清刻本 线装本 ‖ 成都（存卷三至四） 郫都（存卷一至三、五至十）

[民国]北川县志八卷首一卷
杨钧衡 王麟等修 黄尚毅等纂 民国二十一年（1932）石印本 线装本 ‖ 省图 成都 达州 雅安 青羊 川大 西华师大 省社科院

[民国]北川县志八卷首一卷
杨钧衡 王麟等修 黄尚毅等纂 民国二十一年（1932）石印本 胶卷 ‖ 省图

北川县新志
北川县志编委会编 一九五七年铅印本 线装本 ‖ 省社科院

三台县

[嘉庆]三台县志八卷
（清）沈昭兴纂修　清嘉庆十九年（1814）刻本　线装本 || 泸州

[嘉庆]三台县志八卷
（清）沈昭兴纂修　清嘉庆二十年（1815）刻本　线装本 || 青羊（不全）川大　草堂博物馆

[民国]三台县志二十六卷
林志茂 甘梯云等修　谢勷等纂　民国二十年（1931）铅印本　线装本 || 省图　成都　泸州　南充　达州　雅安　青羊（不全）郫都　三台　仁寿　川大　西华师大　川博（不全）草堂博物馆　省社科院　省文史馆　自贡盐业博物馆

[民国]三台县志二十六卷
林志茂 甘梯云等修　谢勷等纂　民国二十年（1931）铅印本　胶卷 || 省图

盐亭县

[乾隆]盐亭县志八卷首一卷
（清）张松孙修　（清）雷懋德（清）胡光琦等纂　清乾隆五十一年（1786）刻本　线装本 || 省图　成都　泸州　江油　蓬溪　川大　省社科院

[乾隆]盐亭县志书不分卷
（清）胡华训纂修　据清乾隆十七年（1752）刻版抄本　胶卷 || 川大

[乾隆]盐亭县志四卷首一卷
（清）董梦曾纂修　二〇〇一年故宫博物院影印故宫珍本丛刊本　平装本 || 省图

[光绪]盐亭县志续编四卷首一卷
（清）邢锡晋修　（清）赵宗藩等纂　清光绪八年（1882）刻本　线

装本 ‖ 省图　成都　川大

盐亭县乡土志
（清）□□编　清末抄本　线装本 ‖ 川大

盐亭县乡土志
（清）□□编　清末抄本　胶卷 ‖ 省图

四川潼川府盐亭县乡土志不分卷
（清）□□编　民国抄本　线装本 ‖ 省图

广元市（1985 年，撤销广元县，设立广元市）

[乾隆]四川保宁府广元县志十三卷首一卷
（清）张赓谟等纂修　清乾隆二十二年（1757）刻本　线装本 ‖ 省图　荣县（不全）　川大

[乾隆]四川保宁府广元县志十三卷首一卷
（清）张赓谟等纂修　清同治四年（1865）罗文藻抄本　线装本 ‖ 省图　成都　南充　达州　川大　川博

[道光]保宁府志六十二卷
（清）黎学锦纂修　清道光元年（1821）保宁府署刻本　线装本 ‖ 江油

[道光]广元县志五十八卷
（清）陈初田辑　清道光抄本　线装本 ‖ 广元（存卷三十至五十八）

[民国]重修广元县志稿六编二十八卷首一卷
谢开来等修　王克礼 罗映湘纂　民国二十九年（1940）铅印本　线装本 ‖ 省图　青羊（不全）　西华师大　省社科院　省文史馆

广元县县政概况不分卷
萧毅安等编　民国三十三年（1944）稿本　线装本 ‖ 省图

昭化区（1959 年，昭化县并入广元县。2013 年，设立昭化区）

[乾隆]昭化县志六卷首一卷
（清）李元纂修　清乾隆五十年（1785）刻本　线装本 ‖ 省图　泸州

[道光]重修昭化县志四十八卷
（清）张绍龄等纂修　（清）曾寅光增纂　清道光二十五年（1845）刻同治三年（1864）曾寅光增刻本　线装本 ‖ 省图　成都　青羊　川大　省社科院　省文史馆

[道光]重修昭化县志四十八卷
（清）张绍龄等纂修　（清）曾寅光增纂　清刻本　线装本 ‖ 西昌

剑阁县［民国二年（1913），剑州改为剑阁县］

[雍正]剑州志二十四卷
（清）李梅宾修　（清）杨端纂　清雍正五年（1727）刻本　线装本 ‖ 江油　川大

[雍正]剑州志二十四卷图一卷
（清）李梅宾修　（清）杨端纂　一九六三年熊承显影抄本　线装本 ‖ 省图

[雍正]剑州志二十四卷
（清）李梅宾修　（清）杨端纂　一九八四年影印本　平装本 ‖ 省图

[同治]剑州志十卷
（清）李溶（清）余文焕修　（清）李榕等纂　清同治十二年（1873）

刻本 线装本 ‖ 省图 成都 泸州 青羊（不全） 郫都 大邑（不全） 江油 剑阁（不全） 南溪（不全） 川大 川师大 西华师大 川博 草堂博物馆 省社科院

[同治]剑州志十卷
（清）李溶（清）余文焕修 （清）李榕等纂 民国十六年（1927）成都协昌公司铅印本 线装本 ‖ 省图 泸州 南充 川博（不全）

[同治]剑州志十卷
（清）李溶（清）余文焕修 （清）李榕等纂 一九八四年影印本 平装本 ‖ 省图

[民国]剑阁县续志十卷
张政纂修 民国十六年（1927）铅印本 线装本 ‖ 省图 成都 遂宁 简阳 江油 省社科院 省文史馆

[民国]剑阁县续志十卷
张政纂修 一九八四年影印本 平装本 ‖ 省图

剑阁县行政概况不分卷
剑阁县政府编 民国二十八年（1939）油印本 线装本 ‖ 省社科院

苍溪县

[乾隆]苍溪县志四卷
（清）丁映奎纂修 清抄本 线装本 ‖ 省图

[乾隆]苍溪县志四卷
（清）丁映奎纂修 民国间抄本 线装本 ‖ 省图 川大

[乾隆]苍溪县志四卷
（清）丁映奎纂修 二〇〇一年故宫博物院影印故宫珍本丛刊本 平装本 ‖ 省图

[民国]苍溪县志十五卷

熊道琛 钟俊等修 李灵春等纂 民国十七年（1928）铅印本 线装本 ‖ 省图 成都 青羊（不全） 简阳 川大 内江师院 省文史馆

遂宁市（1985 年，撤遂宁县置遂宁市）

[乾隆]遂宁县志十二卷首一卷

（清）张松孙（清）李培峘修 （清）寇赉言纂 清乾隆五十二年（1787）刻本 线装本 ‖ 省图 遂宁（不全） 青羊（不全） 川大

[乾隆]遂宁县志十二卷首一卷

（清）张松孙（清）李培峘修 （清）寇赉言纂 清乾隆五十二年（1787）刻本 胶卷 ‖ 省图

[光绪]遂宁县志六卷首一卷

（清）孙海等修 （清）李星根等纂 清光绪五年（1879）刻本 线装本 ‖ 新津 川大 川师大

[光绪]遂宁县志六卷首一卷

（清）孙海等修 （清）李星根等纂 清光绪五年（1879）刻本 胶卷 ‖ 省图

[光绪]遂宁县志六卷首一卷

（清）孙海等修 （清）李星根等纂 清刻本 线装本 ‖ 川博 遂宁

[民国]遂宁县志八卷

甘焘等修 王懋昭等纂 民国十八年（1929）刻本 线装本 ‖ 成都 泸州 遂宁 乐山 达州 西昌 郫都（不全） 都江堰 简阳 蓬溪 高县 西华师大 内江师院 省社科院 省文史馆

[民国]遂宁县志八卷

甘焘等修　王懋昭等纂　民国十八年（1929）刻民国二十三年
（1934）重印本　线装本 ‖ 川大

[民国]遂宁县志八卷首一卷

王懋昭总纂　民国二十三年（1934）刻本　线装本 ‖ 射洪

重修四川通志遂宁采访表十六卷附二卷

冯东曙　王绍曾编　民国抄本　线装本 ‖ 省图

重修四川通志遂宁采访表十六卷附二卷

冯东曙　王绍曾编　民国十七年（1928）抄本　线装本 ‖ 省图

蓬溪县

[康熙]蓬溪县志二卷

（□）□□撰　清康熙五十二年（1713）徐缵功增刻本　胶卷 ‖ 川大

[乾隆]蓬溪县志八卷

（清）张松孙纂修　清乾隆五十一年（1786）刻本　线装本 ‖ 成都
（存一卷）

[道光]蓬溪县志十六卷首一卷

（清）吴章祁等修　（清）顾士英等纂　清道光二十五年（1845）刻
本　线装本 ‖ 省图　泸州　遂宁（存卷一至五、七、九至十六）　达
州　青羊（不全）　蓬溪　射洪　川大　西华师大　川博（存卷七至十
六）　省社科院　省文史馆

[光绪]蓬溪县续志十四卷首一卷

（清）周学铭修　（清）熊祥谦等纂　清光绪二十五年（1899）刻本
线装本 ‖ 省图　泸州　川大　川博　自贡盐业博物馆

[民国]蓬溪近志十四卷首一卷

伍彝章修　曾世礼　庄喜泉等纂　民国二十四年（1935）刻本　线装本 || 省图　川大　西华师大　川博　自贡盐业博物馆

射洪县

[乾隆]射洪县志八卷首一卷

（清）张松孙　（清）沈诗杜等纂修　二〇〇一年故宫博物院影印故宫珍本丛刊本　平装本 || 省图

[嘉庆]射洪县志十八卷首一卷

（清）陈廷钰等修　（清）赵燮元等纂　清嘉庆二十五年（1820）刻本　线装本 || 省图　川大

[嘉庆]射洪县志十八卷首一卷

（清）陈廷钰等修　（清）赵燮元等纂　清嘉庆二十五年（1820）刻本　胶卷 || 省图

[光绪]射洪县志十八卷首一卷

（清）黄允钦（清）谢廷钧等修　（清）罗锦成等纂　清光绪十年（1884）刻本　线装本 || 成都（不全）　南充　雅安　青羊　郫都（不全）　川大　川师大　西华师大　川博　省文史馆

[光绪]射洪县志十八卷首一卷

（清）黄允钦（清）谢廷钧等修　（清）罗锦成等纂　清光绪十二年（1886）刻本　线装本 || 省图　泸州　青羊（不全）　西南民大

[光绪]射洪县志十八卷首一卷

（清）黄允钦（清）谢廷钧等修　（清）罗锦成等纂　一九八〇年射洪县政协、县档案局重刻并油印清光绪十二年（1886）本　平装本 || 省图　西华师大　省社科院

[光绪]射洪县志十八卷首一卷
（清）黄允钦等修　民国八年（1919）重印本　线装本 ‖ 达州

[光绪]射洪县志十八卷首一卷
（清）黄允钦修　民国二十八年（1939）刻本　线装本 ‖ 成都　省社科院

射洪县乡土志
（清）孙世奎编　清末抄本　线装本 ‖ 川大

射洪县乡土志
（清）孙世奎编　一九六〇年传抄清末抄本　胶卷 ‖ 省图

射洪县乡土志不分卷
（清）□□编　一九六〇年抄本　线装本 ‖ 省图

内江市

[康熙]内江县志二卷
（清）徐嘉霖修　（清）何思华等纂　清康熙二十五年（1686）刻本　胶卷 ‖ 川大

[道光]内江县志要四卷
（清）王果纂　清道光十四年（1834）修二十五年（1845）续修刻清光绪十三年（1887）补刻本　线装本 ‖ 川大

[道光]内江县志要四卷
（清）王果纂　清光绪十三年（1887）刻本　胶卷 ‖ 省图

[同治]内江县志十五卷首一卷
（清）张揩原修　（清）张兆兰等续修　（清）黄觉续纂　清同治十年

（1871）刻本　线装本 ‖ 省图　泸州　川大　内江师院

[光绪]内江县志十五卷首一卷
（清）徐思温等修（清）熊玉华等纂　清光绪九年（1883）刻本　线装本 ‖ 省图　内江师院

[光绪]内江县志十六卷
（清）彭泰士修　（清）曾庆昌（清）朱襄虞等纂　清光绪三十一年（1905）刻本　线装本 ‖ 省图

[光绪]内江县志十六卷
（清）彭泰士修　（清）曾庆昌（清）朱襄虞等纂　清光绪三十一年（1905）刻民国三年（1914）增刻本　线装本 ‖ 泸州　青羊　川大

[光绪]内江县志十六卷
（清）彭泰士修　（清）曾庆昌（清）朱襄虞等纂　一九六四年熊承显影抄清光绪三十一年（1905）刻民国三年增刻本　线装本 ‖ 省图

[□□]内江县志九卷
（□）□□撰　清刻本　线装本 ‖ 郫都（存卷三至十、十三）

[民国]内江县志十二卷
曾庆昌纂修　民国十四年（1925）刻本　线装本 ‖ 省图　南充　川大　西华师大　川博　省社科院　省文史馆　自贡盐业博物馆

[民国]内江县志十二卷
曾庆昌纂修　民国十四年（1925）刻本　胶卷 ‖ 省图

[民国]内江县志八卷
曾庆昌原本　易元明修　朱寿朋　伍应奎纂　民国三十四年（1945）石印本　线装本 ‖ 川大　省文史馆　省图

[民国]内江县志八卷

曾庆昌原本　易元明修　朱寿朋　伍应奎纂　民国三十四年
（1945）石印本　胶卷　‖ 省图

资中县［民国三年（1914），改资州为资中县］

[康熙]资县总志八卷

（清）朴怀德修　（清）周壮雷纂　清康熙二十五年（1686）刻本　胶
卷　‖ 川大

[嘉庆]资州直隶州志三十卷首四卷

（清）刘炯修　（清）张怀渭等纂　清嘉庆二十年（1815）刻本　线
装本　‖ 郫都（存卷十八、二十六至二十七、二十九）　川大

[光绪]资州直隶州志三十卷首四卷

（清）刘炯原本　（清）罗廷权续修　（明）何衮续纂　清光绪二年
（1878）增刻本　线装本　‖ 省图　青羊（不全）　郫都（不全）　川大

[民国]资中县续修资州志十卷首一卷附民国实录一卷

吴鸿仁等修　黄清亮等纂　民国十八年（1929）铅印本　线装本
‖ 省图　成都　泸州　达州　川大　内江师院　省社科院

威远县

[乾隆]威远县志八卷首一卷

（清）李南晖修　（清）张翼儒等纂修　清乾隆四十年（1775）威远
衙署刻本　线装本　‖ 川师大

[乾隆]威远县志八卷首一卷

（清）李南晖修　（清）张翼儒纂　清乾隆四十年（1775）刻本　线
装本　‖ 省图　成都［缺卷一，用清嘉庆十八年（1813）陈汝修纂补配］

泸州　川大

[乾隆]威远县志八卷首一卷
（清）李南晖修　（清）张翼儒纂　清乾隆四十年（1775）刻光绪三年（1877）修补重印本　线装本　‖　省图

[乾隆]威远县志八卷首一卷
（清）李南晖修　（清）张翼儒纂　清乾隆四十年（1775）刻民国石印补版重印本（本书民国时以原版重印，所缺版片以石印版补足）线装本　‖　省图

[嘉庆]威远县志六卷
（清）陈汝秋纂修　清嘉庆十八年（1813）据清乾隆四十年（1775）重刻本　线装本　‖　西南民大

[嘉庆]威远县志六卷
（清）陈汝秋纂修　清嘉庆十八年（1813）刻本　线装本　‖　省图　成都　泸州　青羊（不全）　川大

[嘉庆]威远县志六卷
（清）陈汝秋纂修　清嘉庆十八午(1813)刻民国石印补版重印木　线装本　‖　省图

[嘉庆]威远县志六卷
（清）陈汝秋纂修　清嘉庆十八年（1813）刻光绪三年（1877）重印本　线装本　‖　省图

[光绪]威远县志三编四卷
（清）吴曾辉修　（清）吴容纂　清光绪三年（1877）刻本　线装本　‖　省图　西昌　犍为　川大　省文史馆

[光绪]威远县志三编四卷
（清）吴曾辉修　（清）吴容纂　清光绪三年（1877）刻民国石印补

版重印本　线装本 || 省图

[光绪]威远县志三编四卷
（清）吴增辉纂修　民国二十六年（1937）石印本　线装本 || 泸州
川博

隆昌市（2017年，撤销隆昌县，设立县级隆昌市）

[乾隆]隆昌县志十二卷首一卷
（清）黄文理纂修　二〇〇一年故宫博院影印故宫珍本丛刊本　平装
本 || 省图

[道光]隆昌县志四十一卷首一卷
（清）张聘三（清）陆仪廷等修　（清）耿履端等纂　清道光三年
（1823）刻本　线装本 || 泸州　川大

[道光]隆昌县志四十一卷首一卷
（清）张聘三（清）陆仪廷等修　（清）耿履端等纂　一九六一年抄
本　线装本 || 省图

[同治]隆昌县志四十二卷首一卷
（清）魏元燮（清）花映均修（清）耿光祜纂（清）觉罗国欢增修（清）
晏菜增纂　清同治十三年（1874）刻本　线装本 || 成都　青羊

[同治]隆昌县志四十二卷首一卷
（清）魏元燮（清）花映均修（清）耿光祜纂（清）觉罗国欢增修（清）
晏菜增纂　清咸丰十一年（1861）刻本　线装本 || 成都（存一至卷三
十六，首一卷）

[同治]隆昌县志四十二卷首一卷
（清）魏元燮（清）花映均修　（清）耿光祜纂　（清）觉罗国欢增
修（清）晏菜增纂　清同治元年（1862）刻十三年（1874）增刻本
线装本 || 省图　成都（不全）　泸州　犍为　川大　西南民大

[同治]隆昌县志四十二卷首一卷

（清）魏元燮（清）花映均修 （清）耿光祜纂 （清）觉罗国欢
增修 （清）晏荣增纂 清同治十三年（1874）晏荣增刻本 线装
本 ‖ 川大 省委党校（存卷三十二至三十六）

[光绪]隆昌县乡土志不分卷

（清）胡用霖（清）曾昭潜编 据清光绪三十二年（1906）修抄本
线装本 ‖ 川大

[光绪]隆昌县乡土志不分卷

（清）胡用霖（清）曾昭潜编 一九六一年陈建威抄本 线装本 ‖ 省图

[民国]四川通志馆隆昌县采访表不分卷

四川通志馆采访组编 民国稿本 线装本 ‖ 省图

乐山市［清雍正十二年（1734），改嘉定州为嘉定府。1970 年，撤销乐山县，设立乐山市；1985 年，设立地级乐山市］

[万历]嘉定州志八卷

（明）李采修 （明）范醇敬纂 据明万历三十九年（1611）修抄本
胶卷 ‖ 川大

[嘉庆]嘉定府志四十八卷首一卷

（清）宋鸣琦修 （清）陈一沺纂 清嘉庆八年（1803）刻本 线装
本 ‖ 草堂博物馆 邛崃（不全）

[嘉庆]嘉定府志四十八卷首一卷

（清）宋鸣琦修 （清）陈一沺纂 清嘉庆八年（1803）刻本 （卷一
至二、卷首为嘉庆十七年增补重印本） 线装本 ‖ 省图（存卷一至

二、三十五至四十八、首一卷）

[同治]嘉定府志四十八卷首一卷
（清）文良 （清）朱庆镛等纂修 清同治三年（1864）刻本 线装本 || 省图 泸州 乐山 青羊（不全） 荣县（不全） 川大

[光绪]嘉定县志三十二卷首一卷
（清）程其珏辑 清光绪八年（1881）刻本 线装本 || 西华师大

[民国]嘉定县续志十五卷首一卷末一卷附一卷
陈传德等纂修 民国十九年（1930）铅印本 线装本 || 西华师大

[嘉庆]乐山县志十六卷首一卷
（清）龚传黻纂修（清）江之沛纂修 清嘉庆十七年（1812）刻本 线装本 || 省图 成都（存卷三至十六）泸州 郫都 川大

[嘉庆]乐山县志十六卷首一卷
（清）龚传黻纂修 （清）江之沛纂修 据清嘉庆十七年（1812）手抄本 线装本 || 成都（存艺文志之文）

[嘉庆]乐山县志十六卷首一卷
（清）龚传黻纂修 （清）江之沛纂修 清嘉庆十七年（1812）刻光绪十三年（1887）补刻本 线装本 || 省图

[民国]乐山县志十二卷
唐受潘修 黄镕 谢世瑄纂 王畏巗补正 民国十八年（1929）刻本 线装本 || 达州

[民国]乐山县志十二卷
唐受潘修 黄镕 谢世瑄纂 王畏巗补正 民国二十三年（1934）铅印本 线装本 || 省图 成都 泸州 乐山 雅安 西昌 青羊 川大 川博 西华师大 省社科院 省文史馆 自贡盐业博物馆

嘉定县乙酉纪事不分卷

（清）朱子素著　民国元年（1912）上海商务印书馆铅印本　线装本 || 荣县

嘉定县乙酉纪事一卷

（清）朱子素撰　民国六年（1917）商务印书馆铅印本　线装本 || 崇州

峨眉山市（1988年，撤销峨眉县，设立峨眉山市）

[乾隆]峨眉县志十二卷

（清）文曙修　（清）张弘映纂修　一九六一年据清乾隆五年（1740）刻本影抄　线装本 || 省图

[乾隆]峨眉县志十二卷

（清）文曙修　（清）张弘映等纂　二〇〇一年故宫博物院影印故宫珍本丛刊本　平装本 || 省图

[嘉庆]峨眉县志十卷首一卷

（清）王燮修　（清）张希缙（清）张希坤纂　清嘉庆十八年（1813）刻本　线装本 || 省图　成都　达州　西昌　川师大　川博　省社科院　省文史馆

[嘉庆]峨眉县志十卷首一卷

（清）王燮修　（清）张希缙（清）张希珥纂　清嘉庆十八年（1813）刻宣统三年（1911）李锦成补刻本　线装本 || 省图　成都　泸州　乐山　西昌　川大

[嘉庆]峨眉县志十卷首一卷

（清）王燮修　（清）张希缙（清）张希珥纂　清嘉庆十八年（1813）刻宣统三年（1911）李锦成补刻本　胶卷 || 省图

[宣统]峨眉县续志十卷图一卷

（清）李锦成修 （清）朱荣邦纂修 清宣统三年（1911）刻本 线装本 || 省图 泸州 乐山（存卷一至七）青羊（不全）西华师大 川博 自贡盐业博物馆

[宣统]峨眉县续志十卷图一卷

（清）李锦成修 （清）朱荣邦纂修 清宣统三年（1911）刻民国二十四年（1935）补刻本 线装本 || 省图 川大

峨眉山志十八卷

（清）廖笙堂纂 清康熙四十一年（1702）刻本 线装本 || 川大

峨眉山志十二卷

（清）胡林秀修 清光绪十九年（1893）刻本 线装本 || 泸州 射洪（存卷三至十二） 川大

峨眉山志十二卷

（清）蒋超纂 民国十八年（1929）刻本 线装本 || 成都 南充 雅安 青羊（不全） 郫都 川大 川博

峨眉山志十八卷

（清）蒋超撰 清道光二十九年（1849）刻本 线装本 || 西华师大

峨眉山志八卷

释印光重修 民国二十三年（1934）铅印本 线装本 || 成都 绵阳（存卷五至八） 达州 青羊 川大 西华师大 川博

峨眉山志八卷图二幅一页半

释古华 常惭愧辑纂 民国二十六年（1937）刻本 线装本 || 郫都（存卷一至四） 西华师大

峨山图志二卷

（清）黄绶芙编　（清）谭钟岳绘图　清光绪十五年（1889）刻本　线装本 ‖ 青羊　川大　西华师大

峨山图志二卷

（清）黄绶芙编　（清）谭钟岳绘图　民国二十五年（1936）铅印本 线装本 ‖ 成都　达州　雅安　青羊（不全）　川大　西南交大

新版峨山图志（中英文对照本）

（清）黄绶芙（清）谭钟岳著　尔朴译　俞子丹重绘原图　民国二十五年（1936）四川成都日新印刷工业社　线装本 ‖ 泸州

峨眉导游

邓少琴编　民国二十七年（1938）四川印刷局铅印本　线装本 ‖ 川博

峨眉伽蓝记

刘君泽著　民国三十六年（1947）乐山诚报印刷部铅印本　线装本 ‖ 西华师大　川博

峨山导游不分卷

朱尘根编辑　民国三十五年（1946）峨山旅行社铅印本　线装本 ‖ 川博

峨眉植物图志

方文培主编　民国三十一年（1942）铅印本　线装本 ‖ 成都

峨眉纪游

（清）秦栩纂　清宣统元年（1909）刻本　线装本 ‖ 川大

峨眉游记不分卷

止庵居士著　民国四年（1915）影印本　线装本 ‖ 省委党校

犍为县

[乾隆]犍为县志九卷
（清）沈念慈纂修　清乾隆五十二年（1787）刻本　线装本 || 省图

[乾隆]犍为县志九卷
（清）宋锦修　（清）李拔纂　二○○一年故宫博物院影印故宫珍本丛刊本　平装本 || 省图

[乾隆]犍为县志十卷
（清）沈念兹纂修　一九八二年复印清乾隆五十二年（1787）刻本
胶卷 || 省图

[嘉庆]犍为县志十卷首一卷
（清）王梦庚纂修　清嘉庆十九年（1816）至二十一年（1818）刻本
线装本 || 省图　泸州　川大

[嘉庆]犍为县志十卷首一卷
（清）王梦庚纂修　赖金普校勘　二○一三年犍为县地方志办公室
编印本　平装本 || 省图

[民国]犍为县志十四卷首一卷
罗绶香　印焕门总纂　杨铨琳等编辑　清光绪三年（1877）刻本
线装本 || 成都　彭州博物馆

[民国]犍为县志十四卷首一卷
罗绶香　印焕门总纂　杨铨琳等编辑　民国二十六年（1937）铅印本
线装本 || 省图　成都　乐山　南充　雅安　达州　甘孜　西昌
青羊（不全）高县　川大　西华师大　川博　省社科院　省文史馆

[民国]犍为县志十四卷首一卷附诗文目录
罗绶香　印焕门总纂　杨铨琳等编辑　清刻本　线装本 || 泸州

犍为县县政概况不分卷
□□编　民国三十四年（1945）复写本　线装本 ‖ 省图

井研县

[嘉庆]井研县志十卷
（清）张宁阳等修　（清）陈献瑞（清）胡元善等纂　清嘉庆元年（1769）刻本　线装本 ‖ 省图　川大

[嘉庆]井研县志十卷
（清）张宁阳等修　（清）陈献瑞（清）胡元善等纂　清嘉庆元年（1769）刻本　胶卷 ‖ 省图

[光绪]井研县志四十二卷首一卷
（清）叶桂年（清）高承瀛等修　（清）吴嘉谟（清）龚煦春纂　清光绪二十六年（1900）刻本　线装本 ‖ 省图　成都　泸州　遂宁　南充　达州　西昌　青羊　郫都　都江堰　犍为　川大　西南民大　川博　省社科院　省文史馆　自贡盐业博物馆

[光绪]续修井研县志二卷
（清）王琅然（清）吴克昌修　（清）廖锡藩（清）张墀纂　清光绪八年（1882）刻本　线装本 ‖ 成都　川大

夹江县

[康熙]夹江县志六卷
（清）李大成修　（清）田樟等纂　据清康熙二十四年（1685）修抄本　胶卷 ‖ 川大

[嘉庆]夹江县志十二卷首一卷
（清）王佐纂修　清嘉庆十八年（1813）刻本　线装本 ‖ 省图　泸州　川大

[民国]夹江县志十二卷

罗国钧修 刘作铭 薛志清纂 民国二十四年（1935）铅印本 线装本 || 省图 成都 遂宁（存卷三至十二） 南充 达州 雅安 青羊 川大 西华师大 川博 省社科院 省文史馆

[民国]夹江县乡土志略二卷

干瑞生编 民国三十七年（1948）石印本 线装本 || 省图 成都 川大

夹江县乡土志不分卷

（清）□□编 一九六〇年陈建威抄本 线装本 || 省图

夹江县乡土志

（清）□□编 一九六〇年传抄清抄本 胶卷 || 省图

夹江县乡土志不分卷

（清）□□编 抄本 || 川大

峨边彝族自治县［民国三年（1914），改峨边抚夷厅为峨边县；1984年撤销峨边县，设峨边彝族自治县］

[光绪]峨边厅舆地图不分卷

（清）姚建寅修 熊廷杰纂 清光绪七年（1881）刻本 线装本 || 省图 川大

[民国]峨边县志四卷首一卷

李宗锽 胡忠杰修 李仙根等纂 民国四年（1915）铅印本 线装本 || 省图 成都 达州 青羊（不全）高县 川大

[民国]峨边县志四卷首一卷

李宗锽 胡忠杰修 李仙根等纂 一九九二年峨边县地方志编纂委

员会据民国四年铅印本重排本　平装本　‖ 省图

峨边概况资料辑要
边政设计委员会编　民国间油印本　线装本　‖ 川大

[民国]峨边调查不分卷
□□纂　民国二十四年（1935）复写本　线装本　‖ 省图

马边彝族自治县［民国三年（1914），马边厅更名为马边县；1984 年，撤销马边县，设立马边彝族自治县］

[嘉庆]马边厅志略六卷首一卷
（清）周斯才纂修　清嘉庆十年（1805）马边厅马边厅署刻本　线装本　‖ 江油

[嘉庆]马边厅志略六卷首一卷
（清）周斯才纂修　清嘉庆十二年（1807）刻本　线装本　‖ 川大

[嘉庆]马边厅志略六卷首　卷
（清）周斯才纂修　（清）赵廷桂参订　（清）盛依祖校阅　清嘉庆十四年（1809 年）刻本　线装本　‖ 泸州

[嘉庆]马边厅志略六卷首一卷
（清）周斯才纂修　一九五四年熊承显抄本　线装本　‖ 省图

马边纪实
余红先撰　民国二十六年（1937）铅印本　线装本　‖ 川大

马边概况资料辑要
边政设计委员会编　民国间油印本　线装本　‖ 川大

南充市（清设川北道和保宁、顺庆府。民国初为嘉陵、东川二道。1950年为川北行政公署驻地，1953年改南充专区，1978年更名南充地区，1993年改地级南充市）

[嘉靖]保宁府志十四卷

（明）杨思震纂修　明嘉靖二十二年（1543）刻本　胶卷 ‖ 川大

[康熙]顺庆府志十卷增续二卷

（清）李成林修　（清）罗承顺等纂　（清）袁定远增纂　（清）黄铣补刻　清康熙二十五年（1686）刻四十六年（1707）增刻嘉庆十二年（1807）补刻本　线装本 ‖ 省图

[康熙]顺庆府志十卷增续一卷

（清）李成林修　（清）罗承顺等纂　（清）袁定远增纂　（清）黄铣补刻　清康熙二十五年（1686）刻　四十六年（1707）袁定远增刻嘉庆十二年（1807）补刻本　线装本 ‖ 省图

[康熙]顺庆府志十卷

（清）李成林修　（清）罗承顺等纂　（清）袁定远增纂　（清）黄铣补刻　清嘉庆十三年(1808)黄铣补刻本　线装本 ‖ 南充　西充(存卷六至八)　川大

[道光]保宁府志六十二卷

（清）黎学锦（清）徐双桂等修　（清）史观纂　清道光元年（1821）刻本　线装本 ‖ 省图　成都　南充　青羊（不全）阆中　剑阁（存卷十一至十六、二十四至三十四、四十二至四十四、五十二至六十二、图考一卷）草堂博物馆　省社科院

[道光]保宁府志六十二卷图考一卷补遗一卷

（清）黎学锦（清）徐双桂等修　（清）史观纂（清）张嗣鸿增纂　清道光元年（1821）刻二十三年（1843）补刻本　线装本 ‖ 省图　川大

[嘉庆]南充县志八卷首一卷

（清）袁凤孙修　（清）陈榕等纂　（清）洪璋增辑　清嘉庆十八年（1813）刻咸丰七年（1857）洪璋补刻本　线装本 ‖ 省图　成都（存卷七至八）青羊（不全）郫都（不全）阆中　川大　西华师大

[民国]南充县志十六卷附图一卷

李良俊修　王荃善等纂　民国十八年（1929）刻本　线装本 ‖ 省图成都　遂宁　南充　达州　郫都（存卷一至六、文微一至四）简阳西充　川大　西华师大　省社科院　省文史馆　自贡盐业博物馆

南充县地方志略

南充县人委办公室编　一九五九年油印本　线装本 ‖ 省社科院

阆中市（1991年，撤销阆中县，设立阆中市）

[咸丰]阆中县志八卷

（清）徐继镛修　（清）李惺等纂　清咸丰元年（1851）刻本　线装

本 ‖ 省图　成都　泸州　南充　青羊　绵竹（存卷一至二、五至六）
阆中　川大　省文史馆

[民国]阆中县志三十卷

岳永武修　郑钟灵等纂　民国十五年（1926）石印本　线装本 ‖ 省
图　成都　南充　达州　阆中　川大　内江师院　省社科院　省文
史馆　省委党校

阆中县志稿三十六卷

（□）□□编　稿本　线装本 ‖ 省文史馆

南部县

[道光]南部县志三十卷首一卷

（清）王瑞庆等修　（清）徐畅达等纂　（清）承绶　（清）李咸若增
补　清道光二十九年（1849）刻同治九年（1870）承绶李咸若增刻
本　线装本 ‖ 省图　青羊（不全）川大　省社科院

南部县乡土志不分卷

（清）王道履编　清光绪三十二年（1906）抄本　线装本 ‖ 川大

南部县乡土志不分卷

（清）王道履编　清光绪稿本　线装本 ‖ 省图

南部县乡土志不分卷

（清）王道履编　一九六〇年陈建威抄本　线装本 ‖ 省图

南部县舆图考

（清）袁用宾修　清光绪二十二年（1896）刻本　线装本 ‖ 川大

南部县地方志略

南部县人委办公室编　一九五九年油印本　线装本 ‖ 省社科院

西充县

[康熙]西充县志十二卷
（清）李棠等修　李昭治纂　清康熙六十一年（1722）扬州刻本　线装本 || 川大

[康熙]西充县志十二卷
（清）李棠等修　（清）李昭治纂　一九六一年影抄本　线装本 || 省图

[光绪]西充县志十四卷图一卷
（清）高培谷修（清）刘藻纂　清光绪元年（1875）刻本　线装本 || 省图　成都　西充　郫都（存卷四至八、十三至十四）

[光绪]西充县志十四卷图一卷
（清）高培谷修（清）刘藻纂　清光绪二年（1876）西充官廨刻本线装本 || 西充　川大

西充县乡土志不分卷
李琪章编　清宣统元年（1909）抄本　线装本 || 川大

营山县

[万历]营山县志八卷
（明）王廷稷修　（明）李彭年等纂　一九五〇年传抄本　线装本 || 川大

[万历]营山县志八卷
（明）王廷稷修　（明）李彭年等纂　一九五八年影抄本　线装本 || 省图

[乾隆]营山县志四卷
（清）李榕纂修　清乾隆九年（1744）刻本　胶卷 || 川大

[同治]营山县志三十卷
（清）翁道均修　（清）熊毓藩纂　（清）刘械等补修　清同治九年
（1870）刻光绪十五年（1889）刘械增刻本　线装本 || 省图　泸州
青羊（不全）　川大

[同治]营山县志三十卷
（清）翁道均修　（清）熊毓藩纂　（清）刘械等补修　一九八四年
影印本　平装本 || 西华师大

营山县志（明清版统编本）
营山县地方志办公室二〇一〇年编　平装本 || 省图

营山县地方志略
营山县人委办公室编　一九五九年油印本　线装本 || 省社科院

仪陇县

[同治]仪陇县志六卷
（清）曹绍樾（清）胡晋熙修　（清）胡辑瑞纂　清同治十年（1871）
刻本　线装本 || 省图

[同治]仪陇县志六卷
（清）曹绍樾（清）胡晋熙修　（清）胡辑瑞纂　清同治十年（1871）
刻光绪三十三年（1907）补刻本　线装本 || 省图　成都　青羊　巴
州区（不全）　川大

仪陇县志二篇
（清）曹绍樾（清）胡晋熙修　（清）胡辑瑞纂　抄本　线装本 || 省
文史馆

仪陇县地方志略不分卷
仪陇县人委办公室编　一九五九年铅印本　线装本 ‖ 省社科院

蓬安县［民国二年（1913），改蓬州为蓬安县］

[道光]蓬州志略十卷
（清）洪运开总纂　（清）王玑（清）张汝霖分修　清道光十年（1830）
刻本　线装本 ‖ 泸州

[道光]蓬州志略十卷
（清）洪运开总纂　（清）王玑（清）张汝霖分修　一九六一年影抄
清道光十年（1830）刻本　线装本 ‖ 省图

[道光]蓬州志略十卷
（清）洪运开总纂　（清）王玑（清）张汝霖分修　一九八七年影印
本　平装本 ‖ 西华师大

[光绪]蓬州志十五卷
（清）方旭修　（清）张礼杰等纂　清光绪二十三年（1897）刻本　线
装本 ‖ 省图　成都　达州　青羊（不全）　郫都（存卷一至七）　川
博　省文史馆

[光绪]蓬州志十五卷
（清）方旭修　（清）张礼杰等纂　清光绪二十三年（1897）刻民国
二十八年（1939）石印本　线装本 ‖ 广安区（存卷八至十三）　川
大　省社科院

蓬安旧志十五篇
（清）洪运开撰　一九八七年影印本　线装本 ‖ 青羊（不全）　西华
师大

蓬安县志略

蓬安县人委办公室编　一九五九年铅印本　线装本 ‖ 省社科院

民国蓬安县志稿

蓬安县县志编纂委员会办公室整理　二〇一七年七月九州出版社铅印本　平装本 ‖ 省图

宜宾市［民国二年（1913），废叙州府；1996年，宜宾撤地设市］

[康熙]叙州府志二十九卷

（清）何源浚纂修　清康熙二十六年（1687）刻本　胶卷 ‖ 川大

[光绪]叙州府志四十三卷首一卷末一卷

（清）王麟祥修　（清）邱晋成等纂　清光绪二十一年（1895）刻本线装本 ‖ 成都（存卷二十六至三十、三十二、三十四至三十六、三十八至四十二）达州　西南民大　川博

[光绪]叙州府志四十三卷首一卷末一卷

（清）王麟祥修　（清）邱晋成等纂　清光绪二十二年（1896）刻本线装本 ‖ 青羊（不全）草堂博物馆

[光绪]叙州府志四十三卷首一卷末一卷

（清）王麟祥修　（清）邱晋成等纂　清刻本　线装本 ‖ 南溪（存卷六至十一、十三至十六、二十二至二十七、二十九至四十、四十三、卷末）

南溪区（2011年，撤销南溪县，设立宜宾市南溪区）

[康熙]南溪县志二卷
（清）王大骐纂修　清康熙二十五年（1686）抄本　胶卷 || 川大

[康熙]南溪县志二卷
（清）王大骐纂修　二〇〇一年故宫博物院影印故宫珍本丛刊本　平
装本 || 省图

[嘉庆]南溪县志十卷首一卷
（清）胡之富修　（清）包字纂　清嘉庆十七年（1812）刻本　线装
本 || 省图（存卷一至三、七至八、首一卷）　川大

[嘉庆]南溪县志十卷首一卷
（清）胡之富修　（清）包字纂　一九六五年据嘉庆十七年（1812）
刻本影抄　线装本 || 省图

[道光]南溪县新志十卷
（清）翁绍海纂修　一九五八年抄本　线装本 || 省图（存卷二至十）

[民国]南溪县志六卷附南溪文征四卷
李凌霄　傅春霖等修　钟朝煦纂　民国二十六年（1937）铅印本　线
装本 || 省图　成都　泸州　青羊　郫都　简阳　川博　省文史馆

[民国]南溪县志六卷
李凌霄　傅春霖等修　钟朝煦纂　民国二十六年（1937）铅印本　线
装本 || 达州　广安区（存卷一至六）　川大　省社科院

[民国]南溪县志六卷
李凌霄　傅春霖等修　钟朝煦纂　中共宜宾市南溪区委党史研究室
宜宾市南溪区地方志办公室整理　铅印本　平装本 || 省图

南溪县县政概况不分卷

□□编　民国三十四年（1945）红格稿本　线装本 ‖ 省图

南溪县乡土志不分卷

（清）□□编　清光绪三十二年（1906）抄本　线装本 ‖ 川大

南溪县乡土志不分卷

（清）□□编　一九六〇年李雅霨抄本　线装本 ‖ 省图

南溪县志人士篇一卷

钟朝煦纂　民国抄本　线装本 ‖ 省图

宜宾县

[嘉庆]宜宾县志五十四卷首一卷

（清）刘元熙修　（清）李世芳等纂　清嘉庆十七年（1812）刻本　线装本 ‖ 省图　青羊（不全）　郫都（存卷十八至三十九）　川大

[嘉庆]宜宾县志五十四卷首一卷

（清）刘元熙修　（清）李世芳等纂　清嘉庆十七年（1812）刻道光间增补本　线装本 ‖ 省图　郫都

[嘉庆]宜宾县志五十四卷首一卷

（清）刘元熙修　（清）李世芳等纂　民国二十一年（1932）铅印兼石印清嘉庆十七年（1812）刻道光间增补本　线装本 ‖ 省图　青羊（不全）　省社科院　省文史馆

[民国]宜宾县志五十四卷首一卷

（清）刘元熙修　（清）李世芳等纂　民国二十一年（1932）叙府大同书局铅印本　线装本 ‖ 泸州　达州　南溪（存卷首、三、五至十七、十九至四十八）　川博　自贡盐业博物馆

宜宾县县政概况不分卷
□□编　民国三十四年（1945）稿本　线装本 || 省图

江安县

[嘉庆]江安县志六卷
（清）赵模修　（清）郑存仁等纂　清嘉庆十七年（1812）刻本　线装本 || 省图　成都（不全）　川大

[道光]江安县志二卷首一卷
（清）高学濂纂修　清道光九年（1829）刻本　线装本 || 省图　川大

[民国]江安县志四卷
严希慎修　陈天锡纂　民国十二年(1923)泸县镛群书局铅印本　线装本 || 成都　泸州　达州　青羊　川大　川博　省社科院　自贡盐业博物馆

[民国]江安县志四卷附江安文征二卷
严希慎修　陈天锡纂　民国十二年（1923）铅印本　线装本 || 省图　泸州　荣县　省文史馆

[民国]江安县志四卷附江安文征二卷
严希慎修　陈天锡纂　民国间抄写民国十二年(1923)年铅印本　线装本 || 省图

长宁县

[康熙]长宁县志二卷
（清）宗让修（清）宋肆樟等纂　清康熙二十五年（1686）刻本　胶卷 || 川大

[康熙]长宁县志二卷
（清）宗让修　（清）宋肆樟等纂　二〇〇一年故宫博物院影印故宫珍本丛刊本　平装本 || 省图

[康熙]长宁县志十二卷
（清）宗让修　（清）宋肆樟等纂　清嘉庆十三年（1808）刻本　线装本 || 青羊　川大

[嘉庆]长宁县志十二卷
（清）曹秉让修　（清）杨庚等纂　民国八年（1919）泸县印刷局铅印本　线装本 || 省图　泸州　川大　省社科院

[嘉庆]长宁县志十二卷
（清）曹秉让修　（清）杨庚等纂　民国十七年（1928）石印本　线装本 || 川博

[民国]长宁县志十六卷
汪泳龙修　梁正麟　沈崇元纂　民国二十七年（1938）刻本（卷十一、卷十六配民国铅印本）　线装本 || 川博

[民国]长宁县志十六卷
汪泳龙修　梁正麟　沈崇元纂　民国三十三年（1944）铅印本　线装本 || 川博　高县

[民国]长宁县志十六卷
汪泳龙修　梁正麟　沈崇元纂　一九八五年油印本　线装本 || 川大

高县（1960年，庆符县并入高县）

[乾隆]高县志五十四卷首一卷
（清）敖立榜纂修　（清）陈谊（清）陶斯咏（清）金汝谦协修　清乾隆二十八年（1763）刻本　线装本 || 泸州　犍为

[乾隆]高县志五十四卷首一卷

（清）敖立榜纂修 （清）陈谊（清）陶斯咏（清）金汝谦协修 二
〇〇一年海南出版社重印本 平装本 ‖ 省图

[同治]高县志五十四卷首一卷

（清）敖立榜修 （清）曾毓佐等纂 清同治五年（1866）刻本 线
装本 ‖ 成都 青羊（不全）川大 省社科院 省文史馆

[嘉庆]庆符县志五十四卷

（清）何应驹（清）色卜星额修 （清）李合和（清）冯梘桐纂 清
嘉庆十八年（1813）刻本 线装本 ‖ 川大

[嘉庆]庆符县志五十四卷

（清）何应驹（清）色卜星额修 （清）李合和（清）冯梘桐纂 一
九六一年抄本 线装本 ‖ 省图

[光绪]庆符县志五十五卷

（清）孙定扬修 （清）胡锡祜等纂 清光绪二年（1876）刻本 线
装本 ‖ 省图（存卷一至五十四）成都 川大 高县

[光绪]庆符县志五十五卷

（清）孙定扬修 （清）胡锡祜纂 手抄本 线装本 ‖ 川博

筇连县

[康熙]筇连县志四卷

（清）丁林声纂修 清康熙二十五年（1686）修 抄本 胶卷 ‖ 川大

[乾隆]筇连县志四卷

（清）口口纂修 二〇〇一年故宫博物院影印故宫珍本丛刊本 平
装本 ‖ 省图

[乾隆]筠连县志四卷
（清）口口纂修　二〇一五年方志出版社出版　平装本 ‖ 省图

[同治]筠连县志十六卷
（清）程熙春修　（清）文尔炘等纂　清同治十二年（1873）刻本
线装本 ‖ 省图　成都（存卷二至十三）　泸州　川大　西南民大　川博

[民国]续修筠连县志七卷
祝世德等纂修　民国三十七年（1948）铅印本　线装本 ‖ 省图　川
大　都江堰文管所　省社科院

[民国]续修筠连县志七卷
祝世德等纂修　二〇一二年筠连县地方志办公室整理四川大学出版
社出版　平装本 ‖ 省图

[民国]续修筠连县志七卷附勘误补遗一卷
祝世德等纂修　民国三十七年（1948）铅印兼石印本　线装本 ‖ 省
图　川博　省文史馆

珙 县

[乾隆]珙县志十五卷首一卷
（清）王聿脩纂修　清乾隆三十八年（1773）刻本　线装本 ‖ 川大

[乾隆]珙县志十五卷首一卷
（清）王聿脩纂修　一九六一年李雅鬻影抄清乾隆三十八年（1773）
刻本　线装本 ‖ 省图

[乾隆]珙县志十五卷首一卷
（清）王聿脩纂修　二〇〇一年故宫博物院影印故宫珍本丛刊本　平
装本 ‖ 省图

[同治]珙县志十五卷首一卷

（清）姚廷章修　（清）邓香树纂　（清）冉瑞桐（清）郭肇林增纂　清同治八年（1869）刻本　线装本 ‖ 省社科院

[同治]珙县志十五卷首一卷

（清）姚廷章修　（清）邓香树纂　（清）冉瑞桐（清）郭肇林增纂　清光绪九年（1883）冉瑞桐、郭肇林增刻本　线装本 ‖ 省图　成都（存卷首、一至六）　泸州　川大　川博　省文史馆

兴文县

[康熙]兴文县志一卷

（清）宗让纂修　清康熙二十五年（1686）刻本　胶卷 ‖ 川大

[康熙]兴文县志一卷

（清）宗让纂修　二〇〇一年故宫博物院影印故宫珍本丛刊本　平装本 ‖ 省图

[乾隆]兴文县志不分卷

（清）口口纂　据清乾隆六十年（1795）刻本抄本　胶卷 ‖ 川大

[嘉庆]兴文县志六卷

（清）杨迦怿（清）余炳虎等纂修　一九五八年钟和光影抄本　线装本 ‖ 省图

[光绪]兴文县志六卷首一卷

（清）江亦显（清）郭天章修　清光绪十三年（1887）刻本　线装本 ‖ 省图　成都　泸州　青羊（不全）　川大　省社科院　省文史馆

[光绪]兴文县志六卷首一卷

（清）江亦显（清）郭天章修　清光绪十三年（1887）刻本　胶卷 ‖ 省图

[民国]兴文县志三十九卷首一卷

李仲阳 余诩等修 何鸿亮纂 民国三十二年（1943）铅印本 线装本 || 省图 川大 川博

屏山县［清雍正五年（1727）撤马湖府，屏山县改属叙州府］

[嘉靖]马湖府志七卷

（明）余承勋纂修 一九六〇年余中英抄本 线装本 || 省图（存卷一至六）

[嘉靖]马湖府志七卷

（明）余承勋纂修 一九六三年上海古籍书店据宁波天一阁藏明嘉靖三十四年（1555）刻本影印本 平装本 || 省图 成都 西昌 屏山 西华师大 省社科院

[嘉靖]马湖府志七卷

（明）余承勋纂修 一九六三年上海古籍书店影印明嘉靖刻本 胶卷 || 省图

[嘉靖]马湖府志七卷

（明）余承勋纂修 抄本 线装本 || 川大

[乾隆]屏山县志八卷首一卷

（清）张曾敏修 （清）陈琦（清）敬大科纂修 清乾隆四十三年（1788）刻嘉庆五年（1800）增刻本 线装本 || 省图 泸州 川大 西南民大

[乾隆]屏山县志八卷首一卷

（清）张曾敏修 （清）陈琦（清）敬大科纂修 民国二十年（1931）铅印本 线装本 || 省图 成都 省社科院

[乾隆]屏山县志八卷首一卷

（清）张曾敏修　（清）陈琦（清）敬大科纂修　二〇〇九年影印本
平装本 ‖ 省图

[光绪]屏山县续志二卷首一卷

（清）张九章修　（清）陈藩垣等纂　清光绪二十四年（1898）成
都刻本　线装本 ‖ 省图　泸州　川大　西南民大　省社科院　省
文史馆

[光绪]屏山县续志二卷首一卷

（清）张九章修　（清）陈藩垣等纂　民国二十年（1931）铅印本
线装本 ‖ 省图　省社科院

屏山县概况资料辑要不分卷

边政设计委员会编　民国油印本　线装本 ‖ 川大

广安市［民国二年（1913），改广安州为广安县；1998年，广安撤地建市］

[乾隆]广安州志十三卷

（清）陆良瑜修　（清）邓时敏等纂　二〇〇一年故宫博物院影印故
宫珍本丛刊本　平装本 ‖ 省图

[嘉庆]广安州志六卷

（清）刘学厚纂修　（清）胡长裕（清）龚翼修分纂　清嘉庆二十五
年（1820）刻本　线装本 ‖ 泸州

[咸丰]广安州志八卷

（清）王兆僖修　（清）廖朝翼纂　清咸丰十年（1860）刻本　线装
本 ‖ 川大

[咸丰]广安州志八卷

（清）王兆僖修 （清）廖朝翼纂 一九六一年熊承显据清咸丰十年（1860）刻本影抄 线装本 ‖ 省图

[光绪]广安州新志四十三卷首一卷

（清）顾怀壬等修 （清）周克堃等纂 清光绪十三年（1887）刻本 线装本 ‖ 荣县 川大

[光绪]广安州新志四十三卷首一卷

（清）顾怀壬等修 （清）周克堃等纂 清宣统三年（1911）刻本 线装本 ‖ 泸州 遂宁 南充 犍为 川师大

[光绪]广安州新志四十三卷首一卷

（清）顾怀壬等修 （清）周克堃等纂 清宣统三年（1911）刻民国十六年重印本 线装本 ‖ 省图 川大 省文史馆

[光绪]广安州新志四十三卷首一卷

（清）顾怀壬等修 （清）周克堃等纂 民国九年（1920）重庆铅印本 线装本 ‖ 省图 成都 南充 青羊（不全）

[光绪]广安州新志四十三卷首一卷

（清）顾怀壬等修 （清）周克堃等纂 民国十六年（1927）刻本 线装本 ‖ 广安区（存卷一至二十四、二十六至四十三、卷首） 省社科院

广安县县政概况十三编

广安县政府编 稿本 线装本 ‖ 省图

广安县地方志略

广安县志编修委员会编 一九五九年铅印本 线装本 ‖ 省社科院

岳池县

[乾隆]岳池县志八卷首一卷
（清）黄克显纂修　二〇〇一年故宫博物院影印故宫珍本丛刊本　平装本 ‖ 省图

[道光]岳池县志四十四卷
（清）白汝衡（清）刘钧贻等修　（清）熊世璁等纂　清道光三十年（1850）刻本　线装本 ‖ 泸州　川大

[道光]岳池县志四十四卷
（清）白汝衡（清）刘钧贻等修　（清）熊世璁等纂　一九六一年影抄清道光三十年（1850）刻本　线装本 ‖ 省图（存卷三至四十四）

[光绪]岳池县志二十卷首一卷
（清）何其泰（清）范懋修　（清）吴新德纂　清光绪元年（1875）刻本　线装本 ‖ 省图　成都　泸州　犍为　广安区（存卷十二至十六）草堂博物馆　省文史馆

[光绪]岳池县志二十卷首一卷
（清）何其泰（清）范懋修　（清）吴新德纂　清光绪元年（1875）刻民国二十六年（1937）重印本　线装本 ‖ 省图　成都　青羊（不全）川大

[光绪]岳池县志二十卷首一卷
（清）何其泰（清）范懋修　（清）吴新德纂　民国二十六年（1937）岳池县县政府翻刻本　线装本 ‖ 川博　省社科院

[光绪]岳池县志二十卷首一卷
（清）何其泰（清）范懋修　（清）吴新德纂　二〇一〇年巴蜀书社影印本　平装本 ‖ 省图

岳池县志（光绪版选印）

（清）何其泰（清）范懋修 （清）吴新德纂 一九九五年岳池县地方志办公室编 平装本 ‖ 省图

岳池县地方志略

岳池县人委办公室编 一九五九年铅印本 线装本 ‖ 省社科院

武胜县［民国三年（1914），改定远县为武胜县］

[嘉庆]定远县志三十五卷

（清）沈远标（清）吴人杰修 （清）何苏（清）何烋纂 清嘉庆二十年（1815）刻本 线装本 ‖ 省图

[嘉庆]定远县志三十五卷

（清）沈远标（清）吴人杰修 （清）何苏（清）何烋纂 一九七五年泰州新华书店传抄清嘉庆二十年（1815）刻本 线装本 ‖ 省图

[嘉庆]定远县志三十五卷

（清）沈远标（清）吴人杰修 （清）何苏（清）何烋纂 抄本 线装本 ‖ 川大

[嘉庆]定远县志三十五卷

（清）沈远标（清）吴人杰修 （清）何苏（清）何烋纂 民国抄本 线装本 ‖ 西华师大

[道光]续修定远县志二卷

（清）张嗣鸿修 一九七五年泰州新华书店传抄清道光二十二年（1842）修本 线装本 ‖ 省图

[道光]续修定远县志二卷

（清）张嗣鸿修 据清道光二十二年（1842）修抄本 线装本 ‖ 川大

[道光]续修定远县志二卷
（清）张嗣鸿修　民国抄本　线装本 || 西华师大

[同治]续修定远县志二卷
（清）李玉宣纂修　一九七五年泰州新华书店传抄清同治元年
（1862）修本　线装本 || 省图

[同治]续修定远县志二卷
（清）李玉宣纂修　据清同治元年（1862）刻抄本　线装本 || 川大

[同治]续修定远县志二卷
（清）李玉宣纂修　民国间泰州市古旧书店蓝丝栏抄本　线装本
|| 川博

[同治]续修定远县志二卷
（清）李玉宣纂修　民国抄本　线装本 || 西华师大

[光绪]定远县志六卷
（清）姜由范等修　（清）王镛等纂　清光绪元年（1875）刻本　线
装本 || 省图　青羊　川大

[民国]新修武胜县志十三卷
罗兴志等修　杨秉堃　孙国藩等纂　民国二十年（1931）重庆铅印本
线装本 || 省图　成都　南充　达州　简阳　广安区（存卷一至十
一）　川大　西华师大　省社科院　省文史馆

四川省武胜县县政概况十二编
胡国成等编　民国三十五年（1946）稿本　线装本 || 省图

定远县乡土志不分卷
（清）何承道修　（清）李树春（清）杨秉堃等纂　清光绪间稿本　线
装本 || 省图

定远县乡土志二卷
（清）何承道修 （清）李树春（清）杨秉堃等纂 一九六〇年李雅
髯传抄清光绪间稿本 线装本 ‖ 省图

定远县乡土志不分卷
（清）何承道修 （清）李树春（清）杨秉堃等纂 据清光绪三十一
年（1905）修抄本 线装本 ‖ 川大

武胜县地方志略
武胜县人委办公室编 一九五九年油印本 线装本 ‖ 省社科院

邻水县

[康熙]邻水县志不分卷
（清）徐枝芳修 （清）冯志章等纂 （清）田华明点校 二〇〇七年
邻水县鼎立印刷有限公司印制 平装本 ‖ 省图

[乾隆]邻水县志四卷首一卷
（清）陈觐光修 （清）杨尔式（清）甘文林等纂 二〇〇一年故宫
博物院影印故宫珍本丛刊本 平装本 ‖ 省图

[道光]邻水县志四卷首一卷
（清）廖寅（清）李嘉祐修 （清）蒋梦兰等纂 清道光元年（1821）
刻本 线装本 ‖ 南充 川大

[道光]邻水县志六卷首一卷
（清）曾灿奎（清）刘光第等修 （清）甘家斌等纂 清道光十五年
（1835）刻本 线装本 ‖ 省图 成都 青羊 川大

[道光]邻水县志四卷首一卷
（清）王尚锦（清）李嘉祐等修 （清）蒋梦兰等纂 一九六三年影
抄清道光元年（1821）刻本 线装本 ‖ 省图

[光绪]邻水县续志五卷
（清）郑杰修（清）邱锡章等纂　清光绪三十年（1904）抄本　线装
本 ‖ 省图

达州市［1993年，达县更名为达川。1999年，撤销达川地区，设立地级达州市］

[嘉庆]达县志五十二卷
（清）鲁凤辉等修（清）王廷伟等纂　清嘉庆二十年（1815）刻本　线
装本 ‖ 省图　成都　青羊（不全）　川大　川师大

[民国]达县志二十卷首一卷末二卷补遗二卷
蓝炳奎　张仲孝等修　吴德准　朱炳灵等纂　袁济安等补修　民国
二十二年（1933）刻本　线装本 ‖ 成都　南充　川大

[民国]达县志二十卷首一卷末二卷补遗二卷
蓝炳奎　张仲孝等修　吴德准　朱炳灵等纂　袁济安等补修　民国
二十七年（1938）袁济安增补铅印本　线装本 ‖ 省图

[民国]达县志二十卷首一卷末一卷补遗二卷
蓝炳奎　张仲孝等修　吴德准　朱炳灵等纂　民国二十二年（1933）
刻民国二十七年（1938）铅印本　线装本 ‖ 成都　泸州　达川

[民国]达县志二十卷首一卷末二卷补遗二卷
蓝炳奎　张仲孝等修　吴德准　朱炳灵等纂　民国稿本　线装本
‖ 省图（存卷十四至十六、十八至十九）

[民国]续修达县志二十卷首一卷
蓝炳奎主修　民国二十三年（1934）刻本　线装本 ‖ 达川区（第十
三卷为手抄本补）　省社科院

[民国]达县盘石乡志四卷
张子履修 朱仲藩等纂 民国三十二年（1943）铅印本 线装本
|| 省图（存卷一至三） 达川区 巴州区

达县志采访册
民国稿本 线装本 || 省图

万源市［民国三年（1914），改太平县为万源县］

[嘉靖]太平县志八卷
（明）曾才汉纂修 一九六三年上海古籍书店据宁波天一阁明嘉靖
刻本影印本 线装本 || 达州

[乾隆]太平县志二卷
（清）钟莲纂修 传抄清乾隆六十年（1795）本 胶卷 || 川大

[道光]太平县志十六卷
（清）李炳彦修 清道光刻本 线装本 || 达州（存卷三至十）

[同治]万县志三十六卷首一卷
（清）王玉鲸修 清同治五年（1866）刻本 线装本 || 川师大

[同治]万县志三十六卷首一卷附典礼备考八卷
（清）王玉鲸等撰 民国十五年（1926）万县公立图书馆刻本 线装
本 || 南充

[光绪]太平县志十卷首一卷
（清）杨汝偕等纂修 （清）钟元建等纂 清光绪十九年（1893）刻
本 线装本 || 省图 成都 川大

[民国]万源县志十卷首一卷末一卷
刘子敬修 贺维翰纂 民国二十一年（1932）铅印本 线装本 || 省

图　成都　南充　青羊　万源　川大　西华师大　川博　都江堰文
管所　省社科院　省文史馆

太平县乡土志不分卷
（清）□□编　一九六〇年陈建威抄本　线装本 || 省图

太平县乡土志不分卷
（清）□□编　清末抄本　线装本 || 川大

宣汉县［民国四年（1915），改东乡县为宣汉县］

[嘉靖]东乡县志二卷
（明）饶文璧撰　一九六三年上海古籍书店据嘉靖本影印本　线
装本 || 达州

[嘉庆]东乡县志三十三卷
（清）徐陈谟纂修　清嘉庆二十年（1815）刻道光元年（1821）增补
同治十二年（1873）补刻本　线装本 || 省图　川大

[光绪]重修东乡县志十二卷首一卷附典礼备考二卷
（清）如柏等纂修 ＆ 典礼备考二卷　（清）范泰衡纂辑　清光绪
二十八年（1902）刻本　线装本 || 省图　成都　川大

[民国]重修宣汉县志十六卷
汪承烈修　邓方达　庞麟炳　向可褒等纂　民国二十年（1931）石印
本　线装本 || 省图　川大　省社科院　省文史馆

开江县［民国三年（1914），改新宁县为开江县］

[乾隆]新宁县志四卷
（清）窦容邃纂修　（清）周金绅等　二〇〇一年故宫博物院影印故

宫珍本丛刊本　平装本 || 省图

[道光]新宁县志六卷
（清）黄位斗修　（清）孙代芳等纂修　清道光十五年（1835）刻本　线装本 || 省图（存卷一、三至四、六）　川大

[同治]新宁县志八卷
（清）复成修　（清）周绍銮（清）胡元翔纂　清同治八年（1869）刻本　线装本 || 省图　川大　青羊

[民国]新宁县志八卷
（清）复成修　（清）周绍銮（清）胡元翔纂　民国十八年（1929）县署版重刻本　线装本 || 川博

新宁县乡土志
（清）□□编　清末抄本　线装本 || 川大

大竹县

[乾隆]大竹县志十卷
（清）陈仕林纂修　（清）陆滋等协修　清乾隆五十二年（1787）刻本　线装本 || 泸州

[乾隆]大竹县志十卷
（清）陈仕林纂修　（清）陆滋等协修　二〇〇一年故宫博物院影印故宫珍本丛刊本　平装本 || 省图

[道光]大竹县志四十卷
（清）王怀孟等纂　（清）蔡以修续修　（清）刘汉昭等续纂　清道光二年（1822）刻本　线装本 || 省图　成都（存卷三十至三十四）川大　西南民大

[民国]大竹县志十六卷

郑国翰 曾瀛藻修 陈步武 江三乘纂 民国十七年（1928）铅印本
线装本 ‖ 省图 成都 遂宁（存卷一至十五） 南充 雅安 青羊
（不全） 简阳 川大 西华师大 川博 省社科院 省文史馆

[民国]大竹县志十六卷

郑国翰 曾瀛藻修 陈步武 江三乘纂 二〇一三年中国文史出版社
出版 平装本 ‖ 省图

渠 县

[乾隆]渠县志四卷

（清）李云骍 （清）李稑纂修 清乾隆五年（1740）刻本 胶卷
‖ 川大

[嘉庆]渠县志五十二卷

（清）王来遴修 （清）谭承恩等纂 清嘉庆十七年（1812）刻本 线
装本 ‖ 成都（存卷十七至三十七、四十六） 青羊（不全） 川大

[嘉庆]渠县志五十二卷首一卷

（清）王来遴修 （清）谭承恩等纂 清嘉庆十七年（1812）手抄本
线装本 ‖ 成都

[嘉庆]渠县志五十二卷

（清）王来遴修 （清）谭承恩等纂 一九六三年抄本 线装本
‖ 省图

[同治]渠县志五十二卷首一卷

（清）何庆恩修 （清）贾振麟（清）金传培等纂 清同治三年
（1864）刻本 线装本 ‖ 省图 南充 川大

[同治]渠县志五十二卷首一卷

（清）何庆恩修 （清）贾振麟（清）金传培纂修 熊长虹策划 吴
洪泽点校 二〇一三年渠县旧志整理委员会点校重刊本 平装本
|| 省图

[民国]渠县志六十六卷

杨维中等修 钟正懋等纂修 郭奎铨续纂 民国十四年（1925）铅
印本 线装本 || 成都

[民国]渠县志六十六卷

杨维中等修 钟正懋等纂修 郭奎铨续纂 民国二十一年（1932）铅
印本 线装本 || 省图 南充 川大 内江师院 省文史馆（不全）

渠县地理概要不分卷

李旭编 王源学纂 民国二十九年（1940）铅印本 线装本 || 省图
成都 川大

巴中市［民国二年（1913），改巴州为巴中；2000 年撤销巴中地区和县级巴中市，设立地级巴中市］

[乾隆]巴州志略不分卷

（清）陈毓鸾纂修 传抄清乾隆六十年（1795）刻本 胶卷 || 川大

[乾隆]巴州志略不分卷

（清）陈毓鸾纂修 二〇〇一年故宫博物院影印故宫珍本丛刊本 平
装本 || 省图

[道光]巴州志十卷首一卷

（清）朱锡谷修 （清）陈一津纂 清道光十三年（1833）刻本 线

装本 ‖ 省图　青羊（不全）　川大　内江师院（不全）　草堂博物馆

[道光]巴州志十卷首一卷
（清）朱锡谷修　（清）陈一津等纂修　清道光十三年（1823）刻宣统三年（1911）补刻本　胶卷 ‖ 省图

[民国]巴中县志四编
张仲孝修　冯文经等纂　余震等续纂　民国七年（1918）石印本线装本 ‖ 青羊（不全）

[民国]巴中县志四编
张仲孝修　冯文经等纂　余震等续纂　民国十六年（1927）石印本线装本 ‖ 省图　成都　遂宁　青羊　南部　川大

[民国]巴中县志四编
张仲孝修　冯文经等纂　余震等续纂　民国三十一年（1942）胥兰恬石印本　线装本 ‖ 省图　省文史馆

通江县

[康熙]保宁府通江县志不分卷
（清）口口纂　抄清康熙本　胶卷 ‖ 川大

[道光]通江县志十五卷
（清）锡檀修　（清）陈瑞生（清）邓范之等纂　清道光二十八年（1848）刻本　线装本 ‖ 省图　通江（存卷二至十三）川大　省文史馆（不全）

[道光]通江县志十五卷
（清）锡檀修　（清）陈瑞生（清）邓范之等纂　清抄本　线装本 ‖ 青羊（不全）

[道光]通江县志十五卷

（清）锡檀修　（清）陈瑞生（清）邓范之等纂　清道光二十八年
（1848）刻本　胶卷 ‖ 省图

[民国]通江县志不分卷

吴世珍纂修　稿本　线装本 ‖ 省图

南江县

[乾隆]南江县志略不分卷

（清）闻肇煌纂修　据清乾隆十六年（1751）修抄本　胶卷 ‖ 川大

[道光]南江县志三卷

（清）胡炳修　（清）彭暎纂　清道光七年（1827）刻本　线装本 ‖ 川大

[道光]南江县志三卷

（清）胡炳修　（清）彭暎纂　清道光七年（1827）刻本　（序、目录、
凡例、后跋等为民国间抄配）　线装本 ‖ 省图　内江师院

[民国]南江县志四编

董珩修　岳永武等纂　民国十一年（1922）铅印本　线装本 ‖ 省图
南充　达州　青羊（不全）　川大　省社科院　省文史馆

[民国]四川省通志馆南江采访表不分卷

梁愉舒辑　民国三十四年（1945）覆写本（表格部分为覆写，后部
分内容为毛笔抄写）　线装本 ‖ 省图

四川保宁府南江县备造新编志书不分卷

（清）□□辑　二〇〇一年故宫博物院影印故宫珍本丛刊本　平装本
‖ 省图

雅安市

[乾隆]雅州府志十六卷

（清）曹抡彬等修 （清）曹抡翰等纂 清乾隆四年（1739）刻本 线装本 ‖ 雅安

[乾隆]雅州府志十六卷

（清）曹抡彬等修 （清）曹抡翰等纂 清乾隆四年（1739）刻嘉庆十六年（1811）补刻光绪十三年（1887）补刻本 线装本 ‖ 省图 甘孜（存卷十一至十二）威远 川大 川博

[乾隆]雅州府志十六卷

（清）曹抡彬等修 （清）曹抡翰等纂 清光绪十三年（1887）刻本 线装本 ‖ 省图 雅安 青羊 郫都（存卷四至五、八至九）川博

[乾隆]雅州府志十六卷

（清）曹抡彬等修 （清）曹抡翰等纂 清光绪三十一年（1905年）刻本 线装本 ‖ 泸州

[乾隆]雅州府志十六卷

（清）曹抡彬等修 （清）曹抡翰等纂 一九八四年雅安地区图书馆学会据清光绪十三年补刊油印本 线装本 ‖ 西昌 西华师大

[乾隆]雅州府志十六卷

（清）曹抡彬等修 （清）曹抡翰等纂 二〇一六年铅印本 平装本 ‖ 省图

[光绪]雅安县志不分卷

（清）唐枝中修 （清）余良遇等纂 清光绪抄本 线装本 ‖ 省图

[光绪]雅安县志不分卷

（清）唐枝中修 （清）余良遇等纂 清抄本 线装本 ‖ 省图

[民国]雅安县志六卷

胡荣湛修 余良选等纂 民国十七年（1928）石印本 线装本 ‖ 省
图 成都 达州 雅安 西昌 青羊（不全） 郫都 南溪区（存卷
五至六） 川大 川博 省社科院 省委党校（存卷五至六）

雅安乡土志一卷

王安黼 王安民编 一九六〇年李雅髯抄本 线装本 ‖ 省图

雅安县乡土志不分卷

王安黼 王安民编 据清末修抄本 线装本 ‖ 川大

雅安历史四卷

贾鸿基纂 民国十四年（1925）石印本 线装本 ‖ 省图 西昌 川
大 川博 都江堰文管所 省文史馆

雅安历史四卷

贾鸿基纂 民国十四年（1925）石印本 胶卷 ‖ 省图

明末清初雅安受害记

（清）李蓉纂修 据手稿翻印本 线装本 ‖ 川大

名山区（2012 年，撤销名山县，设立雅安市名山区）

[光绪]名山县志十五卷

（清）赵懿纂修 清光绪十八年（1892）刻本 线装本 ‖ 省图 成
都 雅安

[光绪]名山县志十五卷

（清）赵懿纂修 清光绪十八年（1892）刻二十二年（1896）重校本

线装本 ‖ 省图　成都　川大　省社科院

[民国]名山县新志十六卷首一卷末一卷

胡存琮　赵正和等纂修　民国十九年（1930）刻本　线装本 ‖ 省图
成都　泸州　南充　达州　雅安　西昌　青羊　郫都　邛崃市图书
馆　大邑　简阳　广安区　川大　西华师大　川博（存卷首、一至
十一）　都江堰文管所　省社科院　省文史馆

荥经县

[乾隆]荥经县志九卷首一卷末一卷

（清）劳世沅纂修　清乾隆十年（1745）刻本　线装本 ‖ 省图　成
都（存卷五至八、卷首）　川大

[民国]荥经县志二十卷首一卷

贺泽等修　张赵才等纂　民国四年（1915）刻本　线装本 ‖ 省图
雅安　西昌　青羊（不全）川大　川博　省文史馆

[民国]荥经县志二十卷首一卷

贺泽等修　张赵才等纂　王琢补修　民国四年（1915）刻十八年
（1929）王琢增补重印本　线装本 ‖ 省图　成都　达州　甘孜（存
卷一）　川大　省社科院

[民国]荥经县志艺文志六卷

张赵才纂修　民国四年（1915）刻本　线装本 ‖ 省图

汉源县［民国三年（1914），改清溪县为汉源县］

[嘉庆]清溪县志四卷

（清）刘传经修　（清）陈一沺等纂　清嘉庆五年（1800）刻本　线

装本 ‖ 省图　成都　泸州　南充　青羊(不全)安州区　川大　西南民大　川博

[民国]汉源县志四卷
刘裕常修　王琢等纂　民国三十年（1941）铅印本　线装本 ‖ 省图达州　雅安　川大　川博

汉源县二十九年度县政与路政报告书不分卷
刘裕常编　民国三十年（1941）铅印本　线装本 ‖ 省图

汉源县县政概况不分卷
刘裕常编　民国二十九年（1940）铅印本　线装本 ‖ 省图

天全县（民国二年（1913），改天全州为天全县。）

[咸丰]天全州志八卷首一卷
（清）陈松龄纂修　清咸丰八年（1858）刻本　线装本 ‖ 青羊（不全）　川大

[咸丰]天全州志八卷首一卷
（清）陈松龄纂修　民国间抄本　线装本 ‖ 省图

芦山县

[康熙]芦山县志二卷
（清）杨廷琚（清）刘时远修　（清）竹全仁等纂　（清）曾符升增修
民国间抄本　线装本 ‖ 省图

[康熙]芦山县志二卷
（清）杨廷琚（清）刘时远修　（清）竹全仁等纂　（清）曾符升增修
传抄本　线装本 ‖ 省图

[康熙]芦山县志二卷
（清）杨廷琚（清）刘时远修 （清）竹全仁等纂 传抄清乾隆曾符
升补刻本 线装本 ‖ 川大

[康熙]芦山县志二卷增补一卷
（清）杨廷琚（清）刘时远修 （清）竹全仁纂 （清）曾符升增纂
二〇〇一年故宫博物院影印故宫珍本丛刊本 平装本 ‖ 省图

[民国]芦山县志十卷首一卷
宋琅 张宗翿修 刘天倪纂 民国三十年（1941）雅安通和印刷公司
铅印本 线装本 ‖ 甘孜

[民国]芦山县志十卷首一卷
宋琅 张宗翿修 刘天倪纂 民国三十二年（1943）铅印兼石印本
线装本 ‖ 省图 成都 雅安 川大 省社科院 省文史馆

眉山市［民国二年（1913），撤销眉州，恢复
眉山县；2000 年，撤销眉山县，设
立眉山市］

[康熙]眉州属志五卷首一卷
（清）张汉修 （清）汪桯等纂 二〇〇一年故宫博物院影印故宫珍
本丛刊本 平装本 ‖ 省图

[嘉庆]眉州属志十九卷
（清）涂长发修 （清）王昌年纂 清嘉庆五年（1800）刻本 线装本
‖ 省图 青羊（不全） 川大 三苏祠博物馆（存卷十二） 省文史馆

[嘉庆]续眉州志略不分卷
（清）戴三锡修（清）王之俊等纂 清嘉庆十七年（1812）刻本 线

装本 ‖ 省图　泸州　川大

[民国]眉山县志十五卷

王铭新等修　杨卫星　郭庆琳纂　民国十二年（1923）铅印本　线装本 ‖ 省图　成都　泸州　乐山（存卷一至九、十一至十五）　南充　达州　青羊　简阳　三苏祠博物馆　省社科院　省文史馆

[民国]眉山县志十五卷

王铭新等修　杨卫星　郭庆琳纂　民国十二年（1923）汉文石印社石印本　线装本 ‖ 成都　川大　三苏祠博物馆

[民国]眉山县志十五卷

王铭新等修　杨卫星　郭庆琳纂　民国十二年（1923）聚昌公司印本　线装本 ‖ 三苏祠博物馆

眉山县志堰渠志不分卷

王铭新等修　杨卫星　郭庆琳纂　一九六一年抄本　线装本 ‖ 省图

彭山区（2014年，撤销彭山县，设立眉山市彭山区）

[乾隆]彭山县志七卷

（清）张凤翥纂修　二〇〇一年故宫博物院影印故宫珍本丛刊本　平装本 ‖ 省图

[嘉庆]彭山县志六卷

（清）史钦义（清）陈作琴等纂修　清嘉庆十九年（1814）刻本　线装本 ‖ 省图　成都（存卷一）　泸州　青羊（不全）　川大　川博　省文史馆

[嘉庆]彭山县志六卷

（清）史钦义（清）陈作琴等纂修　清嘉庆十九年（1814）刻民国二十三年（1934）重印本　线装本 ‖ 省图

[宣统]彭山县续志不分卷

（清）丁立桐等修　民国初稿本　线装本 ‖ 省图

[民国]重修彭山县志八卷

刘锡纯等纂修　民国十三年（1924）修三十三年（1944）铅印本　线装本 ‖ 省图　成都　雅安　青羊　高县　川大　川博　省社科院　省文史馆

[民国]重修彭山县志八卷

刘锡纯等纂修　民国三十三年（1944）铅印本　胶卷 ‖ 省图

彭山纪年二编

徐原烈编　民国十九年（1930）成都铅印本　线装本 ‖ 省图　大邑　川大　省社科院

彭山县乡土志教科书不分卷

徐原烈编　民国十年（1921）成都铅印本　线装本 ‖ 省图　青羊　川大

彭山通采访录不分卷

徐原烈编　民国徐原烈手稿本　线装本 ‖ 省图

重修彭山县志勘误表

□□编　民国三十六年（1947）影印本　线装本 ‖ 青羊

仁寿县

[嘉庆]补纂仁寿县志六卷首二卷末一卷

（清）姚令仪纂修　（清）李元补纂　清嘉庆八年（1803）刻本　线装本 ‖ 省图（存卷一至二、四至六、首二、末）　川大　川博（存卷一至六、首二）

[道光]仁寿县新志八卷

（清）马百龄修 （清）魏崧（清）郑宗桓纂 清道光十八年（1838）
刻本 线装本 || 省图（存卷三至七） 泸州 川大 西华师大

[同治]仁寿县志十五卷首一卷

（清）罗廷权等修 （清）马凡若纂 清同治五年（1866）刻本 线
装本 || 川大 青羊（不全）

[同治]仁寿县志十五卷首一卷

（清）罗廷权等修 （清）马凡若纂 一九六四年影抄清同治五年
（1866）刻本 线装本 || 省图

[光绪]补纂仁寿县原志六卷末一卷

（清）翁植（清）杨作霖等修 （清）陈韶湘纂 清光绪七年（1881）刻
本 线装本 || 省图 成都 达州 青羊（不全） 郫都 川大 川师大

[民国]仁寿县志三十八卷

陈兴文等修 尹端纂 民国二十九年至三十二年（1940—1943）稿
本 线装本 || 省图（存卷一至六）

仁寿县概况十二编

仁寿县政府编 民国三十一年（1942）抄本 线装本 || 川大

仁寿县县政概况十三编

余耀岚编 民国三十四年（1945）铅印本 线装本 || 省图 成都
泸州 川大

洪雅县

[嘉靖]洪雅县志五卷

（明）束载修 （明）张可述纂 明嘉靖四十一年（1562）刻本 胶
卷 || 川大

[嘉靖]洪雅县志五卷

（明）束载修 （明）张可述纂 一九六三年上海古籍书店影印天一阁藏明代地方志选刊本 线装本 || 省图 西昌 川大 西华师大 省社科院

[嘉靖]洪雅县志五卷

（明）束载修 （明）张可述纂 一九八二年重印天一阁藏明代地方志选刊精装本 平装本 || 川大

[嘉庆]洪雅县志二十五卷首一卷

（清）王好音修 （清）张柱等纂 清嘉庆十八年（1813）刻本 线装本 || 省图 成都（存卷首、一至二、五至七、二十二至二十五） 泸州 南充 达州［—存二十卷（五至七、九至二十五）］ 雅安 郫都（存卷首、一至八、十四至十七） 犍为 川大 西华师大 省社科院

[嘉庆]洪雅县志二十五卷首一卷

（清）王好音修 （清）张柱等纂 清嘉庆十八年（1814）抄本 线装本 || 西南民大

[嘉庆]洪雅县志二十五卷首一卷

（清）王好音修 （清）张柱等纂 清嘉庆十八年（1813）刻光绪间重印本 线装本 || 省图 成都

[嘉庆]洪雅县志二十五卷首一卷

（清）王好音修 （清）张柱等纂 二○○一年故宫博物院影印故宫珍本丛刊本 平装本 || 省图

[光绪]洪雅县志十二卷首一卷

（清）郭世棻修 （清）邓敏修等纂 清光绪十年（1884）刻本 线装本 || 省图 成都 遂宁 雅安（存卷一至六） 犍为 川大 西南民大 内江师院 省社科院 省文史馆

[光绪]洪雅县志十二卷首一卷

（清）郭世棻修 （清）邓敏修等纂 二〇〇一年故宫博物院影印故宫珍本丛刊本 平装本 || 省图

[光绪]洪雅县续志十二卷首一卷

（清）王好音（清）郭世棻修 清光绪十年（1884）刻本 线装本 || 成都 南充 青羊

丹棱县

[乾隆]丹棱县志十二卷首一卷

（清）李光泗修 （清）彭遵泗等纂 二〇〇一年故宫博物院影印故宫珍本丛刊本 平装本 || 省图

[光绪]丹棱县志十卷首一卷

（清）顾汝萼修 （清）朱文瀚等纂 清光绪十八年（1892）刻本 线装本 || 省图 成都 达州 青羊（不全） 川大

[光绪]丹棱县志十卷首一卷

（清）顾汝萼修 （清）朱文瀚等纂 清光绪十八年（1893）刻三十一年（1905）唐绍皋补刻本 线装本 || 成都

[民国]丹棱县志八卷首一卷

刘良模等修 罗春霖等纂 民国十二年（1923）成都石印本 线装本 || 省图 雅安 大邑（不全） 川大

[民国]丹棱县志八卷首一卷

刘良模等修 罗春霖等纂 一九九二年巴蜀书社影印本 平装本 || 省图

丹棱县乡土志二编

（清）张景旭修 齐肇璜纂 清光绪三十二年（1906）成都官报书局铅印本 线装本 || 省图 遂宁 川大

丹稜县乡土志二编
（清）张景旭修　齐肇璜纂　一九六〇年抄本　线装本 ‖ 省图

青神县

[嘉靖]青神县志七卷
（明）余承勋纂修　明嘉靖三十年（1551）刻本　胶卷 ‖ 川大

[乾隆]青神县志十一卷
（清）王承燨纂修　二〇〇一年故宫博物院影印故宫珍本丛刊本　平装本 ‖ 省图

[嘉庆]青神县志五十四卷
（清）颜谨修　（清）谢智涵纂　清嘉庆二十年（1815）刻本　线装本 ‖ 川大

[嘉庆]青神县志五十四卷
（清）颜谨修　（清）谢智涵纂　一九五八年吴文中影抄清嘉庆二十年（1815）刻本　线装本 ‖ 省图

[光绪]青神县志五十四卷
（清）郭世棻修　（清）文笔超等纂　清光绪三年（1877）刻本　线装本 ‖ 省图　成都　青羊（不全）　川大

青神县备征录三辑
周子云撰　民国三十三年（1944）至三十六年（1947）青神县修志委员会石印本　线装本 ‖ 省图　省社科院

青神县备征录三辑
周子云撰　民国三十六年（1947）石印本　胶卷 ‖ 省图

青神县乡土志讲义不分卷

邵怀仁撰　民国油印本　线装本 || 省图

青神县乡土志讲义不分卷

邵怀仁编　民国油印本　胶卷 || 省图

青神县乡土志讲义不分卷附本国地理概论不分卷

邵怀仁撰　民国油印本　线装本 || 省图

资阳市（2000年，改资阳县为资阳市）

[乾隆]资阳县志十六卷首一卷

（清）张德源修　（清）王玥等纂　二〇〇一年故宫博物院影印故宫珍本丛刊本　平装本 || 省图

[嘉庆]资阳县志八卷

（清）宋润等修　（清）陈凤廷等纂　清嘉庆二十二年（1817）刻本　线装本 || 川大

[嘉庆]资阳县志八卷

（清）宋润等修　（清）陈凤廷等纂　一九六〇年传抄清嘉庆二十二年刻本　胶卷 || 省图

[嘉庆]资阳县志八卷

（清）宋润等修　（清）陈凤廷等纂　一九六一年影抄清嘉庆二十二年（1817）刻本　线装本 || 省图

[咸丰]资阳县志四十八卷首二卷

（清）范涞清等修　（清）何华元等纂　清咸丰十年（1860）刻本　线装本 || 省图　成都　川大　西南民大　内江师院（不全）

[咸丰]资阳县志四十八卷首二卷
（清）范涞清等修　（清）何华元等纂　清咸丰十一年（1861）刻本
线装本 ‖ 成都　泸州　青羊（不全）

[同治]资阳县志四十八卷首一卷
（清）范涞清修　（清）何华元纂　清同治元年（1862）刻本　线装
本 ‖ 川博

[民国]续修资阳县志十卷
张辇修　罗绍文等纂　民国十五年（1926）稿本　线装本 ‖ 省图

[民国]资阳县志稿四卷
严正相纂修　民国三十八年（1949）铅印本　线装本 ‖ 省图　泸州
川大　川博　省社科院　省文史馆

安岳县

[康熙]安岳县志一卷
安岳县地方志编纂委员会编辑　安岳县地方志办公室整理重印本
平装本 ‖ 安岳

[乾隆]安岳县志八卷首一卷
（清）张松孙修　（清）朱纫兰纂　清乾隆五十一年（1786）刻本
线装本 ‖ 川大

[乾隆]安岳县志八卷首一卷
（清）张松孙修　（清）朱纫兰纂　二〇〇一年故宫博物院影印故宫
珍本丛刊本　平装本 ‖ 省图

[乾隆]安岳县志八卷首一卷
（清）张松孙修　（清）朱纫兰纂　一九六一年影抄清乾隆五十一年
（1786）刻本　线装本 ‖ 省图

[乾隆]安岳县志八卷首一卷

（清）张松孙修　（清）朱纫兰纂　一九六一年影抄清乾隆五十一年
（1786）刻本　胶卷 || 省图

[乾隆]安岳县志八卷

安岳县地方志编修委员会编辑　安岳县地方志办公室整理重印本
平装本 || 安岳

[道光]安岳县志十六卷首一卷

（清）濮瑗修　（清）周国颐纂　清道光十六年（1836）刻本　线装
本 || 省图　成都　泸州　雅安　青羊　射洪　省文史馆

[道光]安岳县志十六卷首一卷

（清）濮瑗修　（清）周国颐纂　清道光二十一年（1841）刻本　线
装本 || 达州　川大

[道光]安岳县志十六卷首一卷

（清）濮瑗修　（清）周国颐纂　清刻本　线装本 || 安岳

[光绪]续修安岳县志四卷

（清）陈其宽修　（清）邹宗垣纂　清光绪二十三年（1897）刻本
线装本 || 省图　成都　雅安　射洪　安岳　川大　西华师大　内
江师院

[□□]安岳县志□□卷

（清）□□修　抄本　线装本 || 安岳（存卷九）

[□□]重修安岳县志□□卷

（□）□□撰　清刻本　线装本 || 青羊（不全）

[道光]安岳县志十六卷[光绪]安岳县志续四卷

（清）濮瑗修　（清）周国颐纂 &安岳县志续　（清）陈其宽修　（清）

邹宗垣纂　民国石印本　线装本 ‖ 安岳（存卷三至十二、十五至十六，安岳县志续三）

[光绪]安岳县乡土志不分卷
（清）高铭箴（清）张光溥等编　据清光绪十八年（1892）修抄本　线装本 ‖ 川大

[光绪]安岳县乡土志不分卷
（清）高铭箴（清）张光溥编　一九六〇年陈建威抄本　线装本 ‖ 省图

乐至县

[雍正]乐至县志不分类
（□）□□撰　清雍正刻本　线装本 ‖ 省图　川大

[乾隆]乐至县志八卷首一卷
（清）张松孙总纂　（清）雷懋德（清）叶宽等纂　清乾隆五十一年（1786）刻本　线装本 ‖ 泸州

[乾隆]乐至县志八卷首一卷
（清）张松孙总纂　（清）雷懋德（清）叶宽等纂　二〇〇一年故宫博物院影印故宫珍本丛刊本　平装本 ‖ 省图

[道光]乐至县志十六卷首一卷
（清）裴显忠修　（清）刘硕辅等纂　清道光二十年（1840）刻本　线装本 ‖ 省图　青羊（不全）　省社科院

[道光]乐至县志十六卷首一卷
（清）裴显忠修　（清）刘硕辅等纂　（清）胡书云增补　清道光二十年（1840）刻同治间胡书云增补重印本　线装本 ‖ 省图　成都　泸州　川大　西南民大　省文史馆　自贡盐业博物馆

[道光]乐至县志十六卷首一卷
（清）裴显忠修　（清）刘硕辅等纂　清道光二十年（1840）刻本　胶卷 ‖ 省图

[道光]乐至县志十六卷首一卷

（清）裴显忠修 （清）刘硕辅等纂 清同治七年（1868）刻本 线装本 ‖ 成都

[光绪]续增乐至县志四卷首一卷

（清）胡书云修 （清）李星根等纂 清光绪九年（1883）刻本 线装本 ‖ 省图 成都 遂宁 南充 达州 川大 西南民大 西华师大 省社科院 自贡盐业博物馆

[民国]乐至县志又续四卷首一卷

杨祖唐等修 蒋德勋等纂 民国十八年（1929）刻本 线装本 ‖ 省图 成都 西华师大 省社科院 自贡盐业博物馆

[光绪]乐至县乡土志不分卷

（清）刘达德等编 清光绪三十二年（1906）修民国元年（1912）刻本 线装本 ‖ 川大

[光绪]乐至县乡土志不分卷

（清）刘达德等编 一九六一年李雅髯抄本 线装本 ‖ 省图

阿坝藏族羌族自治州

汶川县

[嘉庆]汶志纪略四卷

（清）李锡书纂修 清嘉庆十年（1805）年刻本 线装本 ‖ 省图 川大 都江堰文管所

[嘉庆]汶志纪略四卷

（清）李锡书纂修 清嘉庆十年（1805）刻光绪二十年（1896）增刻本 线装本 ‖ 省图

[嘉庆]汶志纪略四卷

（清）李锡书纂修 二〇一三年四川民族出版社影印本 平装本 ‖ 省图

[民国]汶川县志七卷

祝世德 吴仲申纂修 民国三十三年（1944）铅印本 线装本 ‖ 省
图 成都 泸州 南充 川大 都江堰文管所

[民国]汶川县志七卷

祝世德 吴仲申纂修 一九九七年影印民国三十三年（1944）本
平装本 ‖ 省图

[民国]汶川县志七卷

祝世德 吴仲申纂修 二〇一三年四川民族出版社影印本 平装本
‖ 省图

[民国]汶川图说不分卷

祝世德纂 民国三十四年（1945）铅印兼石印本 线装本 ‖ 省图
泸州 川大 西华师大 都江堰文管所

理县 [① 民国二年（1913）改理番厅为理番县，民国三十四年（1945）改理番县为理县。② 明洪武六年（1373）置保县，清嘉庆六年（1801）废县，属今理县]

[乾隆]保县志八卷

（清）陈克绳纂修 据清乾隆十一年（1746）修抄本 胶卷 ‖ 川大

[乾隆]保县志八卷

（清）陈克绳纂修 一九九八年影印本 平装本 ‖ 省图

[乾隆]保县志八卷

（清）陈克绳纂修 二〇〇〇年海南出版社影印本 平装本 ‖ 省图

[乾隆]保县志八卷

（清）陈克绳纂修　二〇〇一年故宫博物院影印故宫珍本丛刊本
平装本 || 省图

[乾隆]保县志八卷

（清）陈克绳纂修　二〇〇三年学苑出版社影印本　平装本 || 省图

[乾隆]保县志八卷

（清）陈克绳纂修　二〇一三年四川民族出版社影印本　平装本
|| 省图

[同治]直隶理番厅志六卷首一卷

（清）吴羹梅修　（清）周祚峄等纂　清同治五年（1866）刻本　线
装本 || 省图　成都　泸州　青羊（不全）省社科院

[同治]直隶理番厅志六卷首一卷

（清）吴羹梅修　（清）周祚峄等纂　清同治七年（1868）刻本　线
装本 || 川大　都江堰文管所

[民国]理番县视察述要不分卷

冯克书撰　一九六四年杭州古籍书店据稿本誊印本　线装本 || 省
图　川大　西华师大　川博　省社科院

茂县［民国二年（1913），改茂州为茂县］

[乾隆]茂州志八卷首一卷

（清）丁映奎纂修　据清乾隆五十九年（1794）刻抄本　胶卷 || 川大

[乾隆]茂州志八卷首一卷

（清）丁映奎纂修　二〇〇一年故宫博物院影印故宫珍本丛刊本
平装本 || 省图

[道光]茂州志四卷首一卷

（清）杨迦怿等修 （清）刘廷辅等纂 清道光十一年（1831）刻本
线装本 ‖ 省图 泸州 达州 青羊（不全） 安州区（存卷三） 江
油 犍为（存卷三至四） 川大 都江堰文管所

[道光]茂州志四卷首一卷

（清）杨迦怿等修 （清）刘廷辅等纂 二〇一三年四川民族出版社
影印本 平装本 ‖ 省图

茂州乡土志二卷

（清）谢鸿恩编 清光绪末年修一九五〇年传抄本 线装本 ‖ 川大

茂州乡土志二卷

（清）谢鸿恩编 一九六〇年杨雅犚抄本 线装本 ‖ 省图

松潘县［民国二年（1913），改松潘直隶厅为松潘县］

[嘉庆]松潘直隶厅志四卷

（清）温承恭纂修 一九六〇年熊承显抄本 线装本 ‖ 省图

[嘉庆]松潘直隶厅志不分卷

（清）温承恭纂修 据清嘉庆十七年（1812）修抄本 线装本 ‖ 川大

[民国]松潘县志八卷首一卷

张典等修 徐湘等纂 民国十三年（1924）刻本 线装本 ‖ 省图
成都 达州 青羊（不全） 都江堰 江油 川大 西华师大 川博
都江堰文管所 彭州博物馆 省社科院 省文史馆

[民国]松潘县志八卷首一卷

张典等修 徐湘等纂 二〇一三年四川民族出版社影印本 平装本
‖ 省图

[同治]直隶松潘厅纪略不分卷

（清）何远庆纂修　清同治十二年（1873）刻本　线装本 ‖ 川大　省
社科院

[同治]松潘记略不分卷

（清）何远庆纂修　一九六〇年熊李雅犇抄本　线装本 ‖ 省图

松潘概况资料辑要

边政委员会编　民国二十二年（1933）油印本　线装本 ‖ 川大

松潘县视察述要不分卷

冯克书修　一九六四年油印本　线装本 ‖ 川大　西华师大　省社科院

金川县［民国二十五年（1936），置靖化县；1953年，
更名为大金县；1959年，更名为金川县］

[道光]绥靖屯志十卷首一卷

（清）李涵元修　（清）潘时彤纂　清道光五年（1825）刻本　线装
本 ‖ 省图（存卷七至十）　青羊（不全）　川大

[道光]绥靖屯志十卷首一卷

（清）李涵元修　（清）潘时彤纂　一九五八年毛书贤抄本　线装本
‖ 省图

崇化屯志略不分卷

刘光永编　一九五五年熊承显抄本　线装本 ‖ 省图

崇化屯志略不分卷

刘光永编　据民国元年（1912）编抄本　线装本 ‖ 川大

小金县［民国二年（1913）改懋功屯务厅为懋功县，1956年改名小金县］

懋功厅乡土志不分卷
（清）兴元编　清光绪抄本　线装本 ‖ 川大

懋功厅乡土志不分卷
（清）兴元编　一九六〇年熊承显抄本　线装本 ‖ 省图

懋功屯乡土志不分卷
（清）口口编　民国间红格抄本　线装本 ‖ 省图

懋功屯志略不分卷
（清）兴元编　清光绪三十二年（1900）修一九五〇年传抄本　线装本 ‖ 川大

懋功屯志略不分卷
（清）兴元编　一九六〇年熊承显抄本　线装本 ‖ 省图

懋功屯乡土志不分卷
口口编　民国初年编一九五〇年传抄本　线装本 ‖ 川大

懋功屯乡土志略不分卷
（清）李增秭编　据清末修抄本　线装本 ‖ 川大

懋功县县政概况不分卷
向心堂编　民国三十四年（1945）红格抄本　线装本 ‖ 省图

抚边屯乡土志不分卷
（清）刘文增（清）周汝梅编　清光绪三十二年（1906）修一九五〇年传抄本　线装本 ‖ 川大

抚边屯乡土志不分卷
（清）刘文增（清）周汝梅编　一九五五年熊承显抄本　线装本 ‖ 省图

抚边屯志略草案不分卷

（清）刘文增编　清末编一九五〇年传抄本　线装本 ‖ 川大

抚边屯志略草案不分卷

（清）刘文增编　一九五五年熊承显抄本　线装本 ‖ 省图

甘孜藏族自治州

康定市［清雍正七年（1729），置打箭炉厅；民国二年（1913），设康定县；2015 年，改康定县为康定市］

[乾隆]打箭炉志略不分卷

（清）□□编　吴丰培校定　一九七九年中央民族学院油印本　线装本 ‖ 省图　省社科院

[光绪]打箭厅志二卷

（清）刘廷恕编　传抄本　线装本 ‖ 省图

[光绪]打箭厅志二卷

（清）刘廷恕编　民国影印本　线装本 ‖ 省图　省社科院

[民国]康定县图志不分卷

刘赞廷编　一九六一年民族文化宫图书馆油印本　线装本 ‖ 省图

康定概况资料辑要

□□编　一九八一年康定县档案局复印本　平装本 ‖ 省社科院

泸定县

[民国]泸定县图志不分卷

刘赞廷编　一九六一年民族文化宫图书馆油印本　线装本 ‖ 省图

丹巴县［民国元年（1912），撤销章谷屯，建立丹巴县］

[同治]章谷屯志略不分卷

（清）吴德煦纂 清同治十三年（1874）刻本 线装本 ‖ 省图 西南民大

[同治]章谷屯志略不分卷

（清）吴德煦纂 清同治十二年（1873）修民国二十五年 （1936）传抄本 线装本 ‖ 川大

[同治]章谷屯志略不分卷

（清）吴德煦纂 一九七九年中央民族学院图书馆油印本 线装本 ‖ 省图 省社科院

[民国]丹巴县图志不分卷附绰斯甲

刘赞廷编 一九六一年民族文化宫图书馆油印本 线装本 ‖ 省图

九龙县

[民国]九龙县图志不分卷附木里

刘赞廷编 一九六〇年民族文化宫图书馆油印本 线装本 ‖ 省图

雅江县

[民国]雅江县图志不分卷

刘赞廷编 一九六〇年民族文化宫图书馆油印本 线装本 ‖ 省图

道孚县

[民国]道孚县图志不分卷附色达

刘赞廷编 一九六〇年民族文化宫图书馆油印本 线装本 ‖ 省图

[民国]道孚风俗纪略不分卷

朱增鋈编　吴丰培校订　一九七九年中央民族学院图书馆油印本
线装本 || 省图　省社科院

炉霍县［民国二年（1914），改炉霍屯为炉霍县］

[光绪]四川新设炉霍屯志略不分卷附新设炉霍屯公牍不分卷

（清）李之珂纂修　清光绪三十二年（1906）铅印本　线装本 || 省
图　川博

[光绪]四川新设炉霍屯志略不分卷附附录不分卷

（清）李之珂纂修　清光绪三十二年（1906）铅印本　线装本 || 省
图　成都　川大　西南民大　省社科院

[光绪]四川新设炉霍屯志略不分卷附附录不分卷

（清）李之珂纂修　民国间抄本　线装本 || 省图

[光绪]四川新设炉霍屯志略不分卷附附录不分卷

（清）李之珂纂修　（清）吴丰培校订　一九七九年中央民族学院图书
馆油印本　线装本 || 省图　省社科院

[民国]炉霍县图志不分卷

刘赞廷编　一九六〇年民族文化宫图书馆油印本　线装本 || 省图

甘孜县

[民国]甘孜县图志不分卷附俄落志

刘赞廷编　一九六一年民族文化宫图书馆油印本　线装本 || 省图

新龙县［民国五年（1916），置瞻化县；1952年改瞻
化县为新龙县］

[光绪]定瞻厅志略不分卷

（清）张继纂　（清）吴丰培校订　一九七八年中央民族学院图书馆

油印本　线装本 ‖ 省图　成都　西昌　川大　西华师大　省社科院

[民国]瞻化县图志不分卷
刘赞廷编　一九六一年民族文化宫图书馆油印本　线装本 ‖ 省图

德格县

[民国]德格县图志不分卷
刘赞廷编　一九六二年民族文化宫图书馆油印本　线装本 ‖ 省图

白玉县

[民国]白玉县志不分卷
刘赞廷编　一九六〇年民族文化宫图书馆油印本　线装本 ‖ 省图

石渠县（1978 年，邓柯县撤销，将洛须区划入石渠县）

[民国]石渠县图志不分卷
刘赞廷编　一九六〇年民族文化宫图书馆油印本　线装本 ‖ 省图

[民国]邓科县图志不分卷
刘赞廷编　一九六〇年民族文化宫图书馆油印本　线装本 ‖ 省图

理塘县［① 民国元年（1912）设里化府，民国二年（1913）置理化县，1951 年更名为理塘县。② 1978 年义敦县并入巴塘、理塘二县］

[嘉庆]理塘志略二卷
（清）陈登龙编　一九七八年中央民族学院图书馆据清嘉庆十五年（1810）刻本油印　线装本 ‖ 省图　成都　川大　西华师大　省社科院

[民国]理化县志稿十二卷

贺觉非纂　民国三十三年（1944）铅印本　线装本 ‖ 省图　川大
省社科院

[民国]义敦县志不分卷

刘赞廷编　一九六一年民族文化宫图书馆油印本　线装本 ‖ 省图

巴塘县［清光绪三十四年（1908），改巴塘为巴安县；1951年，改巴安县为巴塘县］

[道光]巴塘志略二卷

（清）钱召棠编　（清）吴丰培校订　一九七八年中央民族学院图书
馆油印本　线装本 ‖ 省图　西昌　川大　西华师大　省社科院

[光绪]巴塘盐井乡土志二卷

（清）段鹏瑞编　（清）吴丰培校订　一九七九年中央民族学院图
书馆油印本　线装本 ‖ 省图　省社科院

[民国]巴安县志不分卷

吴文渊纂　复印民国间抄本　线装本 ‖ 省图

[民国]巴安县图志不分卷

刘赞廷编　一九六二年民族文化宫图书馆油印本　线装本 ‖ 省图

乡城县［清光绪三十四年（1908）设定乡县，1951年更名为乡城县］

[民国]定乡县志不分卷

刘赞廷编　一九六〇年民族文化宫图书馆油印本　线装本 ‖ 省图

稻城县

[民国]稻城县图志不分卷

刘赞廷编　一九六一年民族文化宫图书馆油印本　线装本 ‖ 省图

得荣县

[民国]得荣县志不分卷
刘赞廷编　一九六〇年民族文化宫图书馆油印本　线装本 ‖ 省图

凉山彝族自治州

[嘉庆]宁远府志五十四卷
（清）□□纂修　一九六〇年西安古旧书店油印本　线装本 ‖ 省图
成都　西昌　青羊　川大　武侯祠博物馆　省社科院

[嘉庆]宁远府志五十四卷
（清）□□纂修　清抄本　线装本 ‖ 省图

[嘉庆]宁远府志五十四卷
（清）□□纂修　清抄本　胶卷 ‖ 省图

[道光]宁远府志十二卷首一卷
（清）陈崇礼总纂　清道光七年（1827）刻本　线装本 ‖ 省图（存卷七）　泸州

宁属地舆志略五种
□□编　一九六〇年陈建威抄本　线装本 ‖ 省图
‖越嶲厅志不分卷　□□编　‖冕宁县志不分卷　□□编　‖西昌县志不分卷　□□编　‖盐源县志不分卷　□□编　‖会理州志不分卷　□□编

宁属舆地志略
□□纂　清抄本　线装本 ‖ 川大

宁属各县概况资料辑要
边政设计委员会编　民国二十六年（1937）油印本　线装本 ‖ 川大

宁属调查报告汇编

军事委员会行营第二厅编 民国二十八年（1939）油印本 线装本 || 川大

西康宁属北部之地质与矿产二卷

刘之祥编 民国三十年（1941）铅印本 线装本 || 省图

西康省临时参议会第二届第一次大会汇编不分卷

□□编 民国三十二年（1943）西康省临时参议会铅印本 线装本 || 川博

西康图经

任乃强编 民国二十二年（1933）至二十四年（1935）南京新亚细亚学会铅印本 胶卷 || 省图

西康概况

西康省政府秘书处编 民国三十年（1941）铅印本 胶卷 || 省图

西康综览

李亦人编 民国三十年（1941）正中书局铅印本 胶卷 || 省图

峨马雷屏边务调查表不分卷

杜明燡等编 民国元年（1912）石印本 线装本 || 省委党校

邛嶲野录

（清）何东铭纂修 一九八六年油印本 线装本 || 省社科院

重修凉州志十六卷首一卷

（清）吕绍衣等修 （清）傅炳墀等纂 清同治九年（1870）刻本 线装本 || 青羊（不全）

宁属洛苏调查报告

蒙藏委员会调查室编 复印本 平装本 || 凉山州博物馆

四川宁属农牧调查报告
李明良撰　复印本　平装本 || 凉山州博物馆

大小凉山倮族通考
任映沧撰　复印本　平装本 || 凉山州博物馆

倮区汉奴吁天录
刘治远撰　复印本　平装本 || 凉山州博物馆

西康夷务调查报告
庄学丰撰　复印本　平装本 || 凉山州博物馆

西康宁属夷务沿革史略
袁在予撰　复印本　平装本 || 凉山州博物馆

大小凉山夷区考察记
曾昭抡撰　复印本　平装本 || 凉山州博物馆

大小凉山之夷务
毛筠如　康兴碧编　复印本　平装本 || 凉山州博物馆

四川省雷马峨屏调查记
常隆庆撰　据民国二十四年（1935）西部科学院复印本　平装本
|| 凉山州博物馆

雷马峨屏夷务鸟瞰
毛筠如　康兴碧编　复印本 || 凉山州博物馆

峨马雷屏边务调查表
杜明燧等编　据民国元年（1912）复印本　平装本 || 凉山州博物馆

西昌市（1980 年，成立西昌市，1986 年，撤销西昌县，并入西昌市。）

[乾隆]西昌县志不分卷
（清）□□纂　据清乾隆间修抄本　胶卷 || 川大

[道光]西昌县志略二卷首一卷

（清）徐连纂修 民国抄本 线装本 || 省图（存卷二）

[道光]西昌县志略二卷首一卷

（清）徐连纂修 据清道光二年（1822）修抄本 线装本 || 川大

[道光]西昌县志略二卷首一卷

（清）徐连纂修 清道光五年（1825）抄本 线装本 || 西昌

[道光]西昌县志略二卷首一卷

（清）徐连纂修 据清同治元年（1862）守贞书屋抄本 线装本 || 西昌

[光绪]西昌县志四卷

（清）胡薇元修 （清）郑宗瑞纂 清光绪二十二年（1896）刻本 线装本 || 西昌 川大 省社科院

[光绪]西昌县志四卷

（清）胡薇元修 （清）郑宗瑞纂 一九六一年李雅髯抄本 线装本 || 省图（存卷一至二）

[民国]西昌县志十二卷首一卷

郑少成修 杨肇基纂 民国三十一年（1942）铅印本 线装本 || 省图 成都 甘孜 西昌 青羊（不全）川大 西华师大 川博 杨升庵博物馆 新都文管所

西昌县志书局征文访事标准凡例

西昌县志书局编 民国石印本 线装本 || 西昌

盐源县

[光绪]盐源县志十二卷首一卷

（清）辜培源（清）欧阳衔等修 （清）曹永贤纂 清光绪二十年

（1894）刻本　线装本 || 省图　西昌　青羊　川大

盐源九所土司概况

边政设计委员会编　民国二十年（1931）油印本　线装本 || 川大

会理县［民国二年（1913），改会理州为会理县］

[乾隆]会理州志不分卷

（清）□□纂　据清乾隆间修抄本　胶卷 || 川大

[同治]会理州志十二卷

（清）邓仁垣等修　（清）杨昶补修　（清）吴钟仑纂　清同治九年（1870）金江书院刻本　线装本 || 西昌　川博（存卷一至三、六、九至十二）　青羊（不全）

[同治]会理州志十二卷

（清）邓仁垣等修　（清）杨昶补修　（清）吴钟仑等纂　清同治九年（1870）修十三年（1874）刻本　线装本 || 省图（存卷一至十）

[同治]会理州志十二卷

（清）邓仁垣等修　（清）杨昶补修　（清）吴钟仑等纂　清同治十三年（1874）刻本　线装本 || 省图　成都　省文史馆

[同治]会理州志十二卷

（清）邓仁垣等修　（清）杨昶补修　（清）吴钟仑等纂　清同治十三年（1874）刻本　（卷十一、十二配民国抄本）　线装本 || 省图

[同治]会理州志十二卷

（清）邓仁垣等修　（清）杨昶补修　（清）吴钟仑等纂　清同治九年

（1870）修十三年（1874）刻本清光绪三十一年（1905）重印本　线装本　‖　川大

[同治]会理州志十二卷

（清）邓仁垣等修　（清）杨昶补修　（清）吴钟仑等纂　清同治九年（1870）刻一九八四年油印本　线装本　‖　省社科院

[光绪]会理州续志二卷

（清）蒋金生修　（清）徐昱纂　清光绪三十一年（1905）刻本　线装本　‖　省图　青羊　川大

宁南县

宁南县概况资料辑要

边政设计委员会编　民国二十六年（1937）铅印本　线装本　‖　川大

昭觉县

[宣统]昭觉县志稿四卷

徐怀璋纂修　民国九年（1920）铅印本　线装本　‖　省图　川大　川博　省社科院

[民国]昭通县志稿九卷

卢金锡修　杨履干　包鸣泉纂　民国二十七年（1938）昭通新民书局铅印本　线装本　‖　青羊　川博

[民国]昭觉概况资料辑要

边政设计委员会编　民国二十六年（1937）油印本　线装本　‖　川大

冕宁县

[乾隆]冕宁县志
（清）杨丽中修　据清乾隆六十年（1795）修抄本　胶卷 ‖ 川大

[咸丰]冕宁县志十二卷首一卷末一卷
（清）李英粲修　（清）李昭纂　清咸丰七年（1857）刻本　线装本
‖ 西昌　川大

[咸丰]冕宁县志十二卷首一卷末一卷
（清）李英粲修　（清）李昭纂　清咸丰七年（1857）修光绪十七年
（1891）林骏元林茂光增刻本　线装本 ‖ 省社科院

[咸丰]冕宁县志十二卷首一卷末一卷
（清）李英粲修　（清）李昭纂　清光绪二十年（1894）刻本　线装
本 ‖ 成都

冕宁县志清册不分卷
（清）阳丽中辑　二〇〇一年故宫博物院影印故宫珍本丛刊本　平
装本 ‖ 省图

冕宁概况资料辑要
边政设计委员会编　民国二十六年（1937）油印本　线装本 ‖ 川大

越西县［民国二年（1913）改越隽厅为越西县］

[光绪]越嶲厅全志十二卷
（清）马忠良修　（清）马湘等纂　（清）孙锵等续纂　清光绪三十二
年（1906）铅印本　线装本 ‖ 省图　成都　泸州　西昌　青羊　川
大　西华师大　省社科院

雷波县［民国三年（1914），改雷波厅为雷波县］

[光绪]雷波厅志三十六卷首一卷
（清）秦云龙修 （清）万科进纂 清光绪十九年（1893）刻本 线装本 ‖ 省图 成都（存卷首至二十八） 乐山 宜宾 达州 雅安 青羊（不全） 广安区（存卷一至三） 川大 川博 省文史馆

[光绪]雷波厅志三十六卷首一卷
（清）秦云龙修 （清）万科进纂 陈德纯重订 清光绪十九年（1893）刻民国二十七年（1938）修补重印本 线装本 ‖ 省图 省社科院

雷波概况资料辑要
边政设计委员会编 民国间油印本 线装本 ‖ 川大

[民国]雷马屏峨纪略
张云波 毛筠如等编 民国三十年（1941）铅印本 线装本 ‖ 川大

重庆市

[万历]重庆府志八十六卷
（明）张文耀修 （明）邹廷彦纂 二〇一一年上海图书馆藏稀见方志丛刊本 平装本 ‖ 省图（存卷一至三、二十六至八十六）

[道光]重庆府志九卷
（清）王梦庚修 （清）寇宗编 清道光二十三年（1843）刻本 线装本 ‖ 省图 川大 西南民大 草堂博物馆

[正德]夔州府志十二卷首一卷
（明）吴潜修 （明）傅汝舟纂 一九六一年天一阁藏明代地方志选刊本 线装本 ‖ 省图 西昌 川大 西华师大 内江师院 省社科院

[正德]夔州府志十二卷首一卷

（明）吴潜修　（明）傅汝舟纂　一九八二年重印天一阁藏明代地方志选刊本　平装本 ‖ 川大

[乾隆]夔州府志十卷

（清）崔邑俊修　（清）杨崇（清）焦懋熙等纂　二〇〇一年故宫博物院影印故宫珍本丛刊本　平装本 ‖ 省图

[道光]夔州府志三十七卷

（清）恩成修　（清）刘德铨纂　清道光七年（1827）刻本　线装本 ‖ 省图　青羊　剑阁（存卷五至六、九至十、十七至二十五、三十四至三十七）　川大

[光绪]夔州府志三十六卷首一卷

（清）刘德铨纂修　清光绪十七年（1891）夔州府刻本　线装本 ‖ 江油

万州区［1998年，重庆市万县区更名为万州区］

[乾隆]万县志四卷

（清）刘高培修　（清）赵志本纂　二〇〇一年故宫博物院影印故宫珍本丛刊本　平装本 ‖ 省图

[同治]万县志三十六卷首一卷

（清）王玉鲸修　清同治五年（1866）刻本　线装本 ‖ 省图　雅安　青羊（不全）　川师大　内江师院

[同治]增修万县志三十六卷首一卷

（清）王玉鲸（清）张琴等修　（清）范泰衡等纂　清同治五年（1866）刻民国十五年（1926）补刻本　线装本 ‖ 省图　乐山　郫都　川大　内江师院　省文史馆　自贡盐业博物馆

[民国]万县志三十六卷首一卷附典礼备考八卷

（清）王玉鲸等撰　民国十五年（1926）万县公立图书馆刻本　线装本 || 南充　省社科院

万县志采访事实不分卷

（清）张焜编　据清同治十三年（1874）刻传抄本　线装本 || 川大

万县志采访事实不分卷

（清）张焜编　一九六〇年抄本　线装本 || 省图

涪陵区［民国二年（1913），改涪州为涪陵县；1983年撤涪陵县设涪陵市；1998 年设立重庆市涪陵区］

[康熙]重庆府涪州志四卷

（清）董维祺修　（清）冯懋柱纂　清康熙五十三年（1714）刻本胶卷 || 川大

[康熙]重庆府涪州志四卷

（清）董维祺修　（清）冯懋柱纂　一九九二年中国书店稀见中国地方志汇刊影印本　平装本 || 省图

[康熙]重庆府涪州志四卷

（清）董维祺修　（清）冯懋柱纂　一九八五至二〇〇三年书目文献出版社日本藏中国罕见地方志丛刊影印本　平装本 || 省图

[乾隆]涪州志十二卷

（清）多泽厚修　（清）陈于宣等纂　清乾隆五十一年（1786）刻本线装本 || 川大

[乾隆]涪州志十二卷
（清）多泽厚修 （清）陈于宣等纂 一九六三年传抄清乾隆五十年
（1785）刻本 线装本 || 省图

[乾隆]涪州志十二卷
（清）多泽厚修 （清）陈于宣等纂 一九六三年传抄清乾隆五十年
（1785）刻本 胶卷 || 省图

[乾隆]涪州志十二卷
（清）多泽厚修 （清）陈于宣等纂 二〇〇一年故宫博物院影印故
宫珍本丛刊本 平装本 || 省图

[同治]重修涪州志十六卷首一卷附州义勇汇编一卷
（清）吕绍衣等修 （清）王应元（清）傅炳墀等纂 民国二十一
年（1932）刻本 线装本 || 西华师大

[同治]重修涪州志十六卷首一卷
（清）吕绍衣等修 （清）王应元（清）傅炳墀等纂 清同治九年
（1870）刻本 线装本 || 省图 川大

[同治]重修涪州志十六卷卷首一卷典礼备要八卷义勇汇编一卷
（清）吕绍衣等修 （清）王应元（清）傅炳墀等纂 清同治九年
（1870）刻本 线装本 || 犍为（缺卷一） 青羊（不全）

[民国]涪陵县续修涪州志二十七卷首一卷附涪陵县民国纪事一卷
王鉴清等修 施纪云等纂 & 涪陵县民国纪事一卷 潘江等编
民国十七年（1928）铅印本 线装本 || 省图 遂宁 南充 达州
大邑 简阳 川大 川博 草堂博物馆 省社科院 省文史馆

涪州小学乡土地理三卷
（清）贺守典（清）熊鸿谟编 清光绪三十一年（1905）刻本 线装
本 || 省图 川大

江北区［清乾隆十九年（1745）为重庆府江北厅；民国二年（1913）改为江北县；1955 年更名为重庆市江北区］

[道光]江北厅志八卷首一卷

（清）福珠朗阿修　（清）宋煊（清）黄云衢纂　道光二十四年（1844）刻本　线装本 ‖ 省图（卷五补配民国抄本）　青羊（不全）邛崃（不全）　川大　西华师大　省文史馆（不全）

[道光]江北厅志十八卷首一卷

（清）福珠朗阿修　（清）宋煊（清）黄云衢纂　民国九年（1920）重庆中西铅石印局铅印本　线装本 ‖ 成都　南充　达州　川博（不全）　省社科院

[道光]江北厅志八卷首一卷

（清）福珠朗阿修　（清）宋煊（清）黄云衢纂　民国铅印本　线装本 ‖ 省图　川大

江北厅乡土志不分卷

（清）□□纂修　民国四川通志馆王佩如抄本　线装本 ‖ 省图

江北厅乡土志不分卷

（清）□□纂修　清光绪末年修一九五一年抄本　线装本 ‖ 川大

江北厅乡土志

（清）□□纂修　民国四川通志馆王佩如抄本　胶卷 ‖ 省图

重修江北县志采访表略

江北县志局编　民国铅印本　线装本 ‖ 川大

綦江区（2011年撤销綦江县，设立重庆市綦江区）

[道光]綦江县志十二卷首一卷
（清）宋灏修 （清）罗星纂 清道光六年（1826）刻本 线装本 ‖ 川大

[道光]綦江县志十二卷首一卷
（清）宋灏修 （清）罗星纂 清道光六年（1827）刻十五年（1835）
同治二年（1863）十二年（1872）续增刻本 线装本 ‖ 青羊（不全）

[道光]綦江县志十二卷首一卷
（清）宋灏修 （清）罗星纂 清同治二年（1864）杨铭、伍浚祥增
刻本 线装本 ‖ 川大 内江师院

[道光]綦江县志十二卷首一卷
（清）宋灏修 （清）罗星纂 清同治六年（1868）年补刻本 线装
本 ‖ 省图

[民国]四川綦江县续志四卷
戴纶喆纂修 民国二十七年（1938）刻本 线装本 ‖ 省图 达州
草堂博物馆 省社科院

[民国]四川綦江县续志四卷
戴纶喆纂修 民国二十七年（1938）刻本 胶卷 ‖ 省图

大足区（2011年撤销大足县，设立重庆市大足区）

[乾隆]大足县志十一卷首一卷
（清）李德纂修 二〇〇一年故宫博物院影印故宫珍本丛刊本
平装本 ‖ 省图

[嘉庆]大足县志八卷
（清）张澍修 （清）李型廉等纂 清嘉庆二十二年（1817）刻本 线

装本 || 成都（存卷四至六）

[嘉庆]大足县志八卷
（清）张澍修 （清）李型廉等纂 清道光十六年（1836）王松增补
嘉庆本 线装本 || 省图 川大

[光绪]大足县志八卷
（清）王德嘉修 （清）高云从纂 清光绪元年（1875）刻本 线装
本 || 川博

[光绪]大足县志八卷
（清）王德嘉修 （清）高云从纂 清光绪三年（1877）刻本 线装
本 || 省图 成都 川大

[民国]重修大足县志九卷首一卷
郭鸿厚修 陈习删等纂 民国三十四年（1946）铅印本 线装本
|| 省图 成都 乐山 南充 新都 青羊 郫都 简阳 蓬溪（缺
卷一） 高县 洪雅（不全） 川大 西华师大 川博 彭州博物馆
（不全） 省社科院 省文史馆

[口口]大足县新志
大足县志编写委员会编 一九五九年油印本 线装本 || 省社科院

巴南区（1994年撤销巴县，设立重庆市巴南区）

[乾隆]巴县志十七卷首一卷
（清）王尔鉴修（清）王世沿等纂 清乾隆十六年（1751）修二十六
年（1761）刻本 线装本 || 川大

[乾隆]巴县志十七卷首一卷
（清）王尔鉴修（清）王世沿等纂 清嘉庆二十五年（1820）刻本
线装本 || 省图 成都（不全） 川大

[同治]巴县志四卷

（清）霍为棻等修 （清）熊家彦等纂 清同治六年（1867）刻本 线装本 || 省图 邛崃（不全）川大

[同治]巴县志不分卷

（清）熊家彦修 民国十八年（1929）铅印本 线装本 || 达州

[民国]巴县志二十三卷

朱之洪等修 向楚等纂 民国二十八年（1939）刻本 线装本 || 省图 成都 南充 川大 西华师大 内江师院 川博（不全）武侯祠博物馆 省社科院 省文史馆

[民国]巴县志十七卷

口口纂修 民国石印本 线装本 || 广安区（存三至十、十四至十六）

[民国]重修巴县志采访表目不分卷

口口纂修 民国十五年（1926）铅印本 线装本 || 省图

巴县乡土志二卷

（清）口口纂修 一九六一年熊承显抄本 线装本 || 省图（存卷上）

黔江区（2000年撤销黔江县，设立重庆市黔江区）

[咸丰]黔江县志四卷首一卷

（清）张绍龄纂修 清咸丰元年（1851）刻本 线装本 || 川大

[咸丰]黔江县志四卷首一卷

（清）张绍龄纂修 一九六〇年传抄本 线装本 || 省图

[同治]续增黔江县志一卷

（清）张锐堂修 （清）程尚川等纂 清同治三年（1864）刻本 线装本 || 川大

[同治]续增黔江县志一卷

（清）张锐堂修 （清）程尚川等纂 一九六〇年传抄本 线装本 ‖ 省图

[光绪]黔江县志五卷首一卷

（清）张九章修 （清）陈藩垣（清）陶祖谦等纂 清光绪二十年（1894）刻本 线装本 ‖ 省图 成都（存卷三） 青羊 川大 西南民大

黔江县乡土志不分卷

（清）口口编 清光绪末年修一九五〇年传抄本 线装本 ‖ 川大

黔江县乡土志不分卷

（清）口口编 民国抄本 线装本 ‖ 省图

长寿区（2001年撤销长寿县，设立重庆市长寿区）

[同治]长寿县志口卷

（清）口口纂修 清抄本 线装本 ‖ 省图（存卷二）

[光绪]重修长寿县志十卷

（清）张永熙修 （清）周泽溥等纂 清光绪元年（1875）刻本 线装本 ‖ 省图 川大

[民国]长寿县志十二卷

汤化培等修 李鼎禧纂修 民国十七年（1928）石印本 线装本 ‖ 省图 南充（不全）青羊（不全） 川大 内江师院（不全）

[民国]长寿县志十六卷

陈毅夫 卢起勋修 刘君锡等纂 民国三十三年（1944）铅印本 线装本 ‖ 省图 达州 川大

江津区（1992 年，江津撤县设市；2006 年，撤销江津市，设立重庆市江津区）

[乾隆]江津县志二十二卷附艺文补编一卷
（清）曾受一修 （清）王家驹纂 清乾隆三十三年（1768）刻嘉庆九年（1804）徐鼎杨彦青增修十七年（1812）李宝曾续增刻本 胶卷 ‖ 省图

[乾隆]江津县志二十二卷
（清）曾受一修 （清）王家驹纂 二〇〇一年故宫博物院影印故宫珍本丛刊本 平装本 ‖ 省图

[嘉庆]江津县志二十二卷
（清）曾受一等纂修 （清）徐鼎续修 （清）李宝曾增修 清嘉庆九年（1804）刻十七年（1812）李宝曾增刻本 线装本 ‖ 省图 川大

[光绪]江津县志十二卷
（清）王煌修 （清）袁方城纂 清光绪元年（1875）刻本 线装本 ‖ 省图 川大 西华师大 川博

[民国]江津县志十六卷首一卷
聂述文等修 刘泽嘉等纂 民国十三年（1924）刻本 线装本 ‖ 省图 成都 遂宁 南充 达州 雅安(存卷一至六、十一至十二) 青羊（不全） 简阳 川大 西华师大 川博 省社科院 省文史馆 自贡盐业博物馆

[民国]江津县乡土志四卷
□□编 一九六〇年陈建威抄本 线装本 ‖ 省图

江津县乡土志四卷
（清）□□编 清光绪间抄本 线装本 ‖ 川大

合川区 [民国二年（1913），合州改名合川县。1992年，撤销合川县，设立合川市。2006年，撤销合川市，设立重庆市合川区]

[万历]合州志八卷
（明）刘芳声修　（明）田九垓纂　明万历七年（1579）刻本　胶卷 ‖ 川大

[万历]合州志八卷
（明）刘芳声修　（明）田九垓纂　一九七八年石印本　平装本 ‖ 省图　南充　达州　西昌　川大

[万历]合州志八卷
（明）刘芳声修　（明）田九垓纂　一九九二年中国书店稀见中国地方志汇刊影印本　平装本 ‖ 省图

[万历]合州志八卷
（明）刘芳声修　（明）田九垓纂　一九八五至二〇〇三年书目文献出版社日本藏中国罕见地方志丛刊影印本　平装本 ‖ 省图

[乾隆]合州志十六卷
（清）周澄修　（清）张乃孚纂　清乾隆五十四年（1789）刻本　线装本 ‖ 川大

[乾隆]合州志十六卷
（清）周澄修　（清）张乃孚纂　一九六三年抄本　线装本 ‖ 省图

[乾隆]合州志十六卷首一卷
（清）宋锦　（清）刘桐纂修　二〇〇一年故宫博物院影印故宫珍本丛刊本　平装本 ‖ 省图

[光绪]合州志十六卷首一卷
（清）费兆钺修　（清）陈业修纂　清光绪四年（1878）刻本　线装

本 ‖ 省图　成都　南溪（存卷十）　川大　内江师院

[乾隆]合州志十六卷
（清）周澄修　（清）张乃孚纂　一九七八年影印清初抄本　线装本
‖ 省图

[民国]新修合川县志八十三卷
郑贤书等修　张森楷纂　民国十一年（1922）刻本　线装本 ‖ 省图
成都　南充　青羊（不全）　川大　川博

[民国]新修合川县志八十三卷
郑贤书等修　张森楷纂　一九六八年影印民国十一年（1922）刻本
线装本 ‖ 省图

合川县文献特刊第一期
胡南先等纂　民国二十六年（1937）铅印本　线装本 ‖ 川大

永川区（1992 年撤销永川县，设立永川市；2006 年，撤销永川市，设立重庆市永川区）

[道光]永川县志十二卷
（清）胡筠（清）龚翼修　（清）李墉等纂　清道光二十三年（1843）
刻本　线装本 ‖ 省图　川大

[道光]永川县志十二卷
（清）胡筠（清）龚翼修　（清）李墉等纂　清道光二十三年（1843）
刻本　胶卷 ‖ 省图

[光绪]永川县志十卷首一卷
（清）许曾荫修　（清）吴若枚修　（清）马慎修纂　清光绪二十
年（1894）刻本　线装本 ‖ 省图　青羊（不全）　川大　西南民大
省文史馆

[口口]永川县志

永川县志编辑委员会编　一九六一年油印本　线装本 ‖ 省社科院

[民国]永川县县政概论不分卷

永川县政府编　民国三十五年（1946）铅印本　线装本 ‖ 省图

南川区（1994 年，撤销南川县，设立南川市。2006 年，撤销南川市，设立重庆市南川区）

[乾隆]南川县志书不分卷

（清）陆玉琼纂修　传抄清乾隆十三年（1748）本　胶卷 ‖ 川大

[乾隆]南川县志书不分卷

（清）陆玉琼纂修　二〇〇一年故宫博物院影印故宫珍本丛刊本 平装本 ‖ 省图

[嘉庆]南川县志一卷

（清）蒋作梅纂修　清嘉庆十一年（1806）刻本　线装本 ‖ 成都

[道光]南川县志十二卷首一卷

（清）魏崧等修　（清）康柞霖等纂　清咸丰元年（1851）刻本　线装本 ‖ 青羊　川大

[咸丰]南川县志十二卷首一卷

（清）萧鹿苹修　（清）康作霖纂　清咸丰元年（1851）刻本　线装本 ‖ 成都（存卷二至五、十一至十二）　青羊

[咸丰]南川县志十二卷首一卷

（清）萧鹿苹修　（清）康作霖纂　一九六四年抄本　线装本 ‖ 省图

[光绪]南川县志十二卷首一卷

（清）黄际飞等修　（清）周厚光等纂　清光绪二年（1876）刻本　线

装本 ‖ 省图　川大

[民国]重修南川县志十四卷首一卷
柳琅声等修　韦麟书等纂　民国十五年（1936）首都明明印刷局铅印本　线装本 ‖ 南充　西华师大　内江师院　省委党校

[民国]重修南川县志十四卷首一卷
柳琅声等修　韦麟书等纂　民国二十年（1931）铅印本　线装本 ‖ 省图　成都　乐山　达州　川大　川博　省社科院　省文史馆

南川县志初稿
南川县志编辑委员会编　一九六〇年油印本　线装本 ‖ 省社科院

南川县乡土志不分卷
（清）□□编　民国四川省通志馆抄本　线装本 ‖ 省图

南川县乡土志不分卷
（清）□□编　清光绪末年修一九五〇年传抄本　线装本 ‖ 川大

南川县乡土志不分卷
（清）□□编　一九六〇年陈建威抄本　线装本 ‖ 省图

南川县乡土志不分卷
（清）□□编　二〇一一年上海图书馆藏稀见方志丛刊本　平装本 ‖ 省图

铜梁区（2014年，撤销铜梁县，设立重庆市铜梁区）

[光绪]铜梁县志十六卷首一卷
（清）韩清桂（清）邵坤修　清光绪元年（1875）刻本　线装本 ‖ 省图　成都　青羊（不全）　郫都（存卷七）　川大

铜梁县地理志不分卷
张佐周纂　民国三十三年（1944）铜梁巴川印务局铅印本　线装本
‖ 西华师大　川博　省社科院

铜梁县地理志不分卷
张佐周纂　一九八〇年复印本　线装本 ‖ 省图

璧山区（2014年，撤销璧山县，设立重庆市璧山区）

[乾隆]璧山县志二卷
（清）黄在中修　（清）夏璲纂　清乾隆七年（1742）刻本　线装本 ‖ 省图

[乾隆]璧山县志二卷
（清）黄在中修　（清）夏璲纂　二〇〇一年故宫博物院影印故宫珍本丛刊本　平装本 ‖ 省图

[同治]璧山县志十卷首一卷末一卷
（清）寇用平修　（清）陈锦堂（清）卢有徽纂　清同治四年（1865）刻本　线装本 ‖ 省图　成都　青羊（不全）　川大　西华师大　川博

潼南区（2015年，撤销潼南县，设立重庆市潼南区）

[民国]潼南县志六卷
王安镇修　民国四年（1915）刻本　线装本 ‖ 省图　青羊（不全）　川大　省文史馆

潼南县经纬度商榷书不分卷
（□）□□编　民国石印本　线装本 ‖ 省图

荣昌区（2015 年，撤销荣昌县，设立重庆市荣昌区）

[乾隆]荣昌县志四卷首一卷
（清）许元基纂修　二〇〇一年故宫博物院影印故宫珍本丛刊本
平装本 ‖ 省图

[同治]荣昌县志二十二卷
（清）文康修　（清）廖朝翼纂　清同治四年（1865）刻本　线装本
‖ 成都（存卷一至二、十五至十九）

[同治]荣昌县志二十二卷
（清）文康修　（清）廖朝翼纂　清光绪十年（1884）增刻本　线装
本 ‖ 省图

[同治]荣昌县志二十二卷
（清）文康修　（清）廖朝翼纂　清同治四年（1865）刻光绪十年
（1844）施学煌敖册贤增刻本　线装本 ‖ 青羊（不全）　川大

开州区（2016 年，撤销开县，设立重庆市开州区）

[乾隆]开县志不分卷
（清）胡邦盛纂修　二〇〇一年故宫博物院影印故宫珍本丛刊本
平装本 ‖ 省图

[咸丰]开县志二十七卷首一卷
（清）李肇奎等修　（清）陈崑等纂　清咸丰三年（1853）刻本　线
装本 ‖ 省图　成都　自贡　达州　青羊（不全）　郫都　简阳　犍
为　川大　西南民大　内江师院　川博　省社科院　省文史馆

[咸丰]开县志二十七卷首一卷
（清）李肇奎等修　（清）陈崑等纂　清咸丰三年（1853）刻民国间

重印本　线装本 ‖ 省图

[咸丰]开县志二十七卷首一卷
（清）李肇奎等修　（清）陈崑等纂　清光绪三十二年（1906）刻本
线装本 ‖ 青羊（不全）

重修开县志目序例不分卷
□□编　民国二十二年（1933）铅印本　线装本 ‖ 郫都

梁平区（1952年，改梁山县为梁平县。2016年，撤销梁平县，设立重庆市梁平区）

[乾隆]梁山县志不分卷
（清）王庆熙纂修　据清乾隆刻传抄本　胶卷 ‖ 川大

[乾隆]梁山县志不分卷
（清）王庆熙纂修　二〇〇一年故宫博物院影印故宫珍本丛刊本
平装本 ‖ 省图

[嘉庆]梁山县志十八卷首一卷
（清）符永培纂修　清嘉庆十三年（1808）刻本　线装本 ‖ 省图　川大

[嘉庆]梁山县志十八卷首一卷
（清）符永培纂修　清嘉庆十三年（1808）刻同治六年（1867）艾
鈇增刻本　线装本 ‖ 成都　南充　达州　郫都　川大　川博

[光绪]梁山县志十卷首一卷
（清）朱言诗纂修　清光绪二十年（1894）刻本　线装本 ‖ 成都　青
羊（不全）　川博　省社科院

[光绪]梁山县志十卷首一卷
（清）朱言诗纂修　民国二十五年（1936）刻本　线装本 ‖ 省图

城口县［民国二年（1913），改城口厅为城口县］

[道光]城口厅志二十卷首一卷
（清）刘绍文修　（清）洪锡畴纂　清道光二十四年（1844）刻本
线装本 ‖ 省图　青羊　川大

城口县镇概况不分卷
周其瑞等撰　民国三十五年（1946）抄本　线装本 ‖ 省图

丰都县

[康熙]丰都县志四卷
（清）林坚本（清）王廷献（清）朱象鼎等撰　一九六〇年抄本　线
装本 ‖ 省图

[嘉庆]丰都县志四卷
（清）瞿颉纂修　清嘉庆十五年（1810）刻本　线装本 ‖ 郫都（存
卷四）　川大

[同治]丰都县志四卷首一卷外集一卷
（清）蒋履泰（清）乔松等撰　清同治刻本　线装本 ‖ 省图

[同治]丰都县志四卷首一卷
（清）田秀栗（清）徐浚镛修　（清）徐昌绪纂　（清）蒋履泰增纂
清光绪十九年(1893)增续重刻同治本　线装本 ‖ 省图　川大　川
师大

[民国]重修丰都县志十四卷
（清）朗承洗等纂　（清）黄光辉等修　民国十六年（1927）铅印
本　线装本 ‖ 省图　成都　南充　达州　青羊　川大　西华师大
内江师院　川博　省社科院　省文史馆　自贡盐业博物馆

[民国]丰都县乡土志不分卷

刘承烈 余树堂编 民国十八年（1929）铅印本 线装本 ‖ 省图

垫江县

[乾隆]垫江县志八卷首一卷

（清）丁涟等修 （清）杨锡麟等纂 一九五八年传抄本 线装本 ‖ 省图

[道光]垫江县志十卷

（清）夏梦鲤修 （清）董承熙等纂 （清）钱涛重校 清道光八年（1828）刻本 线装本 ‖ 省图

[道光]垫江县志十卷

（清）夏梦鲤修 （清）董承熙等纂 （清）钱涛重校 清咸丰八年（1858）刻本 线装本 ‖ 内江师院 省社科院

[道光]垫江县志十卷

（清）夏梦鲤修 （清）董承熙等纂 （清）钱涛重校 一九五八年杨尚周、陈文光据清咸丰八年（1858）刻本抄写 线装本 ‖ 省图

[光绪]垫江县志十卷

（清）谢必铿修 李柄灵纂 清光绪二十六年（1900）刻本 线装本 ‖ 省图 青羊（不全） 绵竹（存卷四至十） 川大

[民国]垫江乡土志十卷

陈忠良 李炳灵纂 民国六年（1917）重庆文华印刷馆铅印本 线装本 ‖ 省图 成都 川大

忠县［民国二年（1913），改忠州为忠县］

[道光]忠州直隶州志八卷首一卷

（清）吴友篪修 （清）熊履青纂 清道光六年（1826）刻本 线装

本 ‖ 省图　达州　雅安　青羊（不全）

[道光]忠州直隶州志八卷首一卷
（清）吴友篪修　（清）熊履青纂　清道光六年（1826）刻民国二十一年（1932）铅印本　线装本 ‖ 省图　南充　川大　川博　草堂博物馆　省社科院

[同治]忠州直隶州志十二卷首一卷
（清）侯若源（清）庆征修　（清）柳福培纂　清同治十二年（1873）刻本　线装本 ‖ 省图　川大

云阳县

[嘉靖]云阳县志二卷
（明）杨鸾修　（明）秦觉纂　一九六三年天一阁藏明代地方志选刊影印本　线装本 ‖ 省图　成都　西昌　青羊（不全）　川大　西华师大　省社科院

[嘉靖]云阳县志二卷
（明）杨鸾修　（明）秦觉纂　一九八二年重印天一阁藏明代地方志选刊本　平装本 ‖ 成都　川大

[乾隆]云阳县志四卷
（清）刘士缙（清）曹源邦等修　（清）陈嘉琅纂修　二〇〇一年故宫博物院影印故宫珍本丛刊本 ‖ 省图

[咸丰]云阳县志十二卷
（清）江锡麒修　（清）陈昆纂　清咸丰四年（1854）刻本　线装本 ‖ 省图　郫都　川大

[民国]云阳县志四十四卷首一卷
朱世镛　黄葆初修　刘贞安等纂　民国二十四年（1935）铅印本　线

装本 || 省图 成都 南充 达州 甘孜 川大 西华师大 省社
科院 省文史馆

云阳县乡土志二卷

（清）武丕文（清）甘桂森编 清光绪三十二年（1906）抄本 线装
本 || 川大

云阳县乡土志二卷

（清）甘桂森（清）甘作仪纂修 一九六○年李雅耜抄本 线装本
|| 省图

云阳县图志四十卷

刘贞安等纂 稿本 线装本 || 省文史馆

奉节县

[光绪]奉节县志三十六卷

（清）曾秀翘等撰 清光绪十九年（1893）刻本 线装本 || 省图 自
贡 达州 西昌 青羊（不全） 南溪区（存卷一至五） 川大 川
师大 省文史馆 自贡盐业博物馆

巫山县

[康熙]巫山县志不分卷

（清）□□纂修 二○○一年故宫博物院影印故宫珍本丛刊本
平装本 || 省图

[雍正]巫山县志不分卷

（清）□□纂修 清雍正间刻本 胶卷 || 川大

[光绪]巫山县志三十二卷首一卷

（清）连山（清）白曾煦修 （清）李友梁纂 清光绪十九年（1893）

刻本　线装本 ‖ 省图　青羊（不全）　川大　川博

巫溪县［民国三年（1914），改大宁县为巫溪县］

[乾隆]大宁县志四卷
（清）阎源清修　（清）焦懋熙纂　清乾隆十一年（1746）刻本　胶卷 ‖ 川大

[乾隆]大宁县志四卷
（清）阎源清修　（清）焦懋熙纂　二〇〇一年故宫博物院影印故宫珍本丛刊本　平装本 ‖ 省图

[光绪]大宁县志八卷首一卷
（清）高维岳修　（清）魏远猷等纂　清光绪十一年（1885）刻本　线装本 ‖ 省图　达州　青羊　川大

大宁县志摘要一卷
（□）□□纂修　一九五〇年油印本　线装本 ‖ 省文史馆

石柱县［民国二年（1913），改石柱厅为石柱县］

[乾隆]石柱厅志不分卷
（清）王萦绪纂修　清乾隆四十年（1775）刻本　胶卷 ‖ 川大

[道光]补辑石柱厅新志十二卷
（清）王槐龄纂　清道光二十三年（1843）刻本　线装本 ‖ 省图　成都　达州　青羊　川大　西南民大　省文史馆

[光绪]补辑石柱厅新志十二卷附舆图一卷
（清）王槐龄纂修　清光绪十九年（1893）刻本　线装本 ‖ 省图　成都

石柱厅乡土志三十六章

（清）谭永泰等编　抄本　线装本 ‖ 川大

石柱厅乡土志三十六章

（清）谭永泰等编　一九六〇年抄本　线装本 ‖ 省图

秀山县

[光绪]秀山县志十四卷首一卷

（清）王寿松修　（清）李稽勋等纂　清光绪十七年（1891）刻本　线装本 ‖ 省图　成都　南充　青羊(不全)　犍为　川大　川师大　西南民大　西华师大　省社科院　省文史馆　自贡盐业博物馆

酉阳县［民国二年（1913），改酉阳州为酉阳县］

[乾隆]酉阳州志四卷

（清）邵陆纂修　（清）翁若梅同纂　二〇〇一年故宫博物院影印故宫珍本丛刊本　平装本 ‖ 省图

[同治]增修酉阳直隶州总志二十三卷首一卷末一卷

（清）王麟飞等修　（清）冯世瀛（清）冉崇文纂　清同治二年（1863）刻本　线装本 ‖ 省图　成都（存卷一至二、八、十四、二十一至二十二）　青羊　川大

彭水县

[康熙]彭水县志四卷

（清）陶文彬纂修　（清）陈讦等同纂　二〇〇一年故宫博物院影印故宫珍本丛刊本　平装本 ‖ 省图

[光绪]彭水县志四卷首一卷

（清）庄定域修 （清）支承祜等纂 清光绪元年（1875）刻本 线装本 || 省图 成都 川大 西南民大

彭水县志初稿

彭水县志编委会编 一九六〇年油印本 线装本 || 省社科院

彭水概况不分卷

柯仲生编 民国二十九年（1940）铅印本 线装本 || 省图 川大

其他地方文献

华阳国志十二卷

（晋）常璩撰 清嘉庆十九年（1814）刻本 线装本

华阳国志十二卷

（晋）常璩撰 清道光五年（1825）李朝夔補刻函海本 线装本

华阳国志十二卷

（晋）常璩撰 清刻本 线装本

华阳国志十二卷

（晋）常璩撰 民国二十六年（1937）商务印书馆影印本 线装本

华阳国志十二卷

（晋）常璩著 民国上海涵芬楼影印本 线装本

华阳国志十二卷补华阳国志三州郡县目录一卷

（晋）常璩撰&华阳国志三州郡县目录 （清）廖寅撰 民国成都至古堂据题襟馆本影刻本 线装本

华阳国志校勘记十二卷

（清）顾观光撰 民国成都志古堂刻本 线装本

华阳国志十二卷补三州郡县目录一卷

（晋）常璩撰　三州郡县目录（清）廖寅撰　清嘉庆十九年（1814）题襟馆刻本　线装本

华阳国志十二卷补三州郡县目录一卷校勘记十二卷

（晋）常璩撰　三州郡县目录（清）廖寅撰　民国间成都志古堂影刻本　线装本

华阳国志十二卷附录一卷

（晋）常璩撰　&附录　（清）廖寅撰附录　民国间中华书局铅印本　线装本

华阳国志十二卷附录一卷

（晋）常璩撰　&附录　（清）廖寅撰附录　二〇一二年影印本　线装本

蜀碧四卷

（清）彭遵泗撰　清刻本　线装本

蜀鉴十卷

（宋）郭允蹈撰　明嘉靖三十四年（1555）刻本　线装本

蜀故二十七卷

（清）彭遵泗纂　清光绪二十四年（1898）玉元堂刻本　线装本

蜀故二十七卷

（清）彭遵泗纂　清光绪二年（1876）读书堂刻本　线装本

蜀故二十七卷

（清）彭遵泗纂　清光绪二年（1877）读书堂刻本　胶卷

蜀故二十七卷

（清）彭遵泗撰　清白鹤堂刻本　线装本

蜀典十二卷

（清）张澍纂　清道光十四年（1834）刻本　胶卷

蜀典十二卷
（清）张澍纂　清光绪二年（1876）成都尊经书院刻本　线装本

蜀典十二卷
（清）张澍纂　清光绪十二年（1886）尊经书院重刻本　线装本

蜀典十二卷
（清）张澍撰　清光绪三十二年（1906）尊经书院刻本　线装本

蜀典十二卷
（清）张澍纂　清刻本　线装本

四川盐法志四十卷首一卷
（清）丁宝桢等纂修　清光绪八年（1882）刻本　线装本

四川盐政史十二卷
吴受彤等纂修　民国二十一年（1922）刻本　线装本

川盐纪要
林振翰编辑　民国八年（1919）商务印书馆　线装本

锦里新编十六卷首一卷
（清）张邦伸撰　清嘉庆五年（1800）登彝堂刻本　线装本

锦里新编十六卷首一卷
（清）张邦伸撰　清嘉庆五年（1800）刻民国二年（1931）四川成都
存古书局补刊本　线装本

青城近记不分卷
彭昭旷纂修　民国三十五年（1946）灌县灵光寺铅印本　线装本

重修昭觉寺志八卷首一卷
（清）释中洵修纂　清光绪二十二年（1896）刻本　线装本

四川盐务报告书三卷附录一卷
张习编　民国二年（1913）铅印本　线装本

续补全蜀艺文志六十四卷

（明）杨慎著　一九六二年传抄本　线装本

成都文类五十卷

（宋）扈仲荣等编　一九六〇年传抄本　线装本

四川地理学不分卷

（□）□□纂修　民国铅印本　线装本

四川省农村经济调查总报告

四川省农村经济调查委员会　民国三十年（1941）铅印本　平装本

康藏建省略

王巨军著　民国铅印本　平装本

康藏史地大纲

任乃强编　民国三十一年（1942）成都玉林长印刷社铅印本　平装本

康藏轺征

刘曼卿著　民国二十二年（1933）商务印书馆铅印本　平装本

嘉陵江志

马以愚著　民国三十五年（1946）商务印书馆铅印本

四川省保甲概况

四川省政府民政厅编印　民国二十八年（1939）铅印本

三峡通志五卷

（明）吴守忠编辑　（明）卢国桢校次　一九七九年上海图书馆影印
明万历十九年（1591）刻本　线装本

康藏纵横程站寰宇记不分卷

民族文化宫图书馆编　一九六一年民族文化宫图书馆油印本　平装本

新　志

省　志

四川历代方志集成·第一辑（1）（眉山） 四川省地方志编纂委员会辑　国家图书馆出版社　2015

四川历代方志集成·第一辑（2）（仁寿） 四川省地方志编纂委员会辑　国家图书馆出版社　2015

四川历代方志集成·第一辑（3）（仁寿） 四川省地方志编纂委员会辑　国家图书馆出版社　2015

四川历代方志集成·第一辑（4）（丹棱　洪雅） 四川省地方志编纂委员会辑　国家图书馆出版社　2015

四川历代方志集成·第一辑（5）（洪雅　青神　彭山） 四川省地方志编纂委员会辑　国家图书馆出版社　2015

四川历代方志集成·第一辑（6）（西昌　冕宁） 四川省地方志编纂委员会辑　国家图书馆出版社　2015

四川历代方志集成·第一辑（7）（会理） 四川省地方志编纂委员会辑　国家图书馆出版社　2015

四川历代方志集成·第一辑（8）（雷波　越西　盐源　昭觉） 四川省地方志编纂委员会辑　国家图书馆出版社　2015

四川历代方志集成·第一辑（9）（德阳） 四川省地方志编纂委员会辑　国家图书馆出版社　2015

四川历代方志集成·第一辑（10）（德阳　广汉　绵竹） 四川省地方志编纂委员会辑　国家图书馆出版社　2015

四川历代方志集成·第一辑（11）（绵竹） 四川省地方志编纂委员会辑　国家图书馆出版社　2015

四川历代方志集成·第一辑（12）（罗江） 四川省地方志编纂委员会辑　国家图书馆出版社　2015

四川历代方志集成·第一辑（13）（什邡） 四川省地方志编纂委员会辑　国家图书馆出版社　2015

四川历代方志集成·第一辑（14）（中江） 四川省地方志编纂委员会辑　国家图书馆出版社　2015

四川历代方志集成·第一辑（15）（绵州） 四川省地方志编纂委员会辑　国家图书馆出版社　2015

四川历代方志集成·第一辑（16）（绵州） 四川省地方志编纂委员会辑　国家图书馆出版社　2015

四川历代方志集成·第一辑（17）（梓潼　潼川） 四川省地方志编纂委员会辑　国家图书馆出版社　2015

四川历代方志集成·第一辑（18）（潼川） 四川省地方志编纂委员会辑　国家图书馆出版社　2015

四川历代方志集成·第一辑（19）（龙安） 四川省地方志编纂委员会辑　国家图书馆出版社　2015

四川历代方志集成·第一辑（20）（江油） 四川省地方志编纂委员会

会辑　国家图书馆出版社　2015

四川历代方志集成·第一辑（21）（三台） 四川省地方志编纂委员会辑　国家图书馆出版社　2015

四川历代方志集成·第一辑（22）（安县） 四川省地方志编纂委员会辑　国家图书馆出版社　2015

四川历代方志集成·第一辑（23）（石泉　昭化　盐亭　北川） 四川省地方志编纂委员会辑　国家图书馆出版社　2015

四川历代方志集成·第一辑（24）（叙永） 四川省地方志编纂委员会辑　国家图书馆出版社　2015

四川省志·人物志·第一批名单（初稿） 四川省地方志编纂委员会总编室《人物志》编辑组编　不详　1985

四川省志·电子工业志 四川省地方志编纂委员会编　四川科学技术出版社　1992

四川省志·冶金工业志 四川省地方志编纂委员会编　四川科学技术出版社　1992

四川省志·邮政电信志 四川省地方志编纂委员会编　四川辞书出版社　1993

四川省志·轻工业志 四川省地方志编纂委员会编　四川辞书出版社　1993

都江堰志 四川省地方志编纂委员会编　四川辞书出版社　1993

四川省志·盐业志 四川省地方志编纂委员会编　四川科学技术出版社　1995

四川省志·粮食志　四川省地方志编纂委员会编　四川科学技术出版社　1995

四川省志·纺织工业志　四川省地方志编纂委员会编　四川辞书出版社　1995

四川省志·气象志　四川省地方志编纂委员会编　四川辞书出版社　1995

四川省志·电力工业志　四川省地方志编纂委员会编　四川科学技术出版社　1995

四川省志·交通志　四川省地方志编纂委员会编　四川科学技术出版社　1995

四川省志·财政志　四川省地方志编纂委员会编　四川人民出版社　1996

四川省志·机械工业志　四川省地方志编纂委员会编　四川辞书出版社　1996

四川省志·民政志　四川省地方志编纂委员会编　四川人民出版社　1996

四川省志·检察审判志　四川省地方志编纂委员会编　四川人民出版社　1996

四川省志·旅游志　四川省地方志编纂委员会编　四川人民出版社　1996

四川省志·商业志　四川省地方志编纂委员会编　四川科学技术出版社　1996

四川省志·广播电视志　四川省地方志编纂委员会编　四川科学技

术出版社 1996

四川省志·化学工业志 四川省地方志编纂委员会编 四川科学技术出版社 1996

四川省志·供销合作社志 四川省地方志编纂委员会编 方志出版社 1996

四川省志·商检志 四川省地方志编纂委员会编 四川科学技术出版社 1996

四川省志·金融志 四川省地方志编纂委员会编 四川辞书出版社 1996

四川省志·水利志 四川省地方志编纂委员会编 四川科学技术出版社 1996

四川省志·医药卫生志 四川省地方志编纂委员会编 四川辞书出版社 1996

四川省志·建筑志 四川省地方志编纂委员会编 四川科学技术出版社 1996

四川省志·报业志 四川省地方志编纂委员会编 四川人民出版社 1996

四川省志·地理志 四川省地方志编纂委员会编 成都地图出版社 1996

四川省志·农业志 四川省地方志编纂委员会编 四川辞书出版社 1996

四川省志·政务志·政府篇（初稿） 四川省人大常委会办公厅《四川省志·政务志·人大篇》编纂委员会编 四川省人大常委会办公

厅《四川省志·政务志·人大篇》编纂委员会 1996

峨眉山志 四川省地方志编纂委员会编 四川科学技术出版社 1996

四川省志·测绘志 四川省地方志编纂委员会编 成都地图出版社 1997

四川省志·石油天然气工业志 四川省地方志编纂委员会编 四川科学技术出版社 1997

四川省志·公安志 司法志 四川省地方志编纂委员会编 四川人民出版社 1997

四川省志·政务志·人大篇（送审稿） 四川省人大常委会办公厅《四川省志·政务志·人大篇》编纂委员会编 四川省人大常委会办公厅《四川省志·政务志·人大篇》编纂委员会 1997

四川省志·对外经济贸易志 四川省地方志编纂委员会编 四川科学技术出版社 1998

四川省志·哲学社会科学志 四川省地方志编纂委员会编 四川科学技术出版社 1998

四川省志·体育志 四川省地方志编纂委员会编 四川人民出版社 1998

四川省志·科学技术志 四川省地方志编纂委员会编 四川科学技术出版社 1998

四川省志·煤炭工业志 四川省地方志编纂委员会编 四川科学技术出版社 1998

四川省志·海关志 四川省地方志编纂委员会编 四川科学技术出

版社 1998

四川省志·地震志 四川省地方志编纂委员会编 四川科学技术出版社 1998

四川省志·丝绸志 四川省地方志编纂委员会编 四川科学技术出版社 1998

四川省志·宗教志 四川省地方志编纂委员会编 四川科学技术出版社 1998

四川省志·地质志 四川省地方志编纂委员会编 四川科学技术出版社 1998

四川省志·建材工业志 四川省地方志编纂委员会编 四川科学技术出版社 1999

四川省志·林业志 四川省地方志编纂委员会编 成都地图出版社 1999

四川省志·人事志 四川省地方志编纂委员会编 四川科学技术出版社 1999

四川省志·城建环保志 四川省地方志编纂委员会编 四川科学技术出版社 1999

四川省志·大事纪述 四川省地方志编纂委员会编 四川科学技术出版社 1999

四川省志·文物志 四川省地方志编纂委员会编 四川人民出版社 1999

四川省志·军事志 四川省地方志编纂委员会编 四川人民出版社 1999

四川省志·政务志 四川省地方志编纂委员会编 方志出版社
2000

四川省志·民族志 四川省地方志编纂委员会编 四川民族出版社
2000

四川省志·统计 工商行政管理 劳动志 四川省地方志编纂委员
会编 方志出版社 2000

四川省志·文化艺术志 四川省地方志编纂委员会编 四川人民出
版社 2000

四川省志·档案志 侨务志 四川省地方志编纂委员会编 四川科
学技术出版社 2000

四川省志·综合管理志 四川省地方志编纂委员会编 方志出版社
2000

四川省志·教育志 四川省地方志编纂委员会编 方志出版社
2000

四川省志·民俗志 四川省地方志编纂委员会编 四川人民出版社
2000

四川省志·外事志 四川省地方志编纂委员会编 巴蜀书社 2001

四川省志·党派团体志 四川省地方志编纂委员会编 四川人民出
版社 2001

四川省志·人物志 四川省地方志编纂委员会编 四川人民出版社
2001

四川省志·出版志 四川省地方志编纂委员会编 四川人民出版社
2001

四川省志·卷首　四川省地方志编纂委员会编　方志出版社　2003

四川省志·附录　四川省地方志编纂委员会编　四川科学技术出版社　2003

四川省志·川酒志（送审稿）　《四川省志·川酒志》编委会编　不详　2009

四川省志·工会志（1986—2005）四川省地方志编纂委员会编　方志出版社　2012

四川省志·税务志（1986—2005）（送审二稿）　四川省国家税务局四川省地方税务局承编　不详　2011

四川省志·税务志（1986—2005）四川省地方志编纂委员会编　方志出版社　2012

四川省志·扶贫开发志（1986—2005）　四川省地方志编纂委员会编　方志出版社　2012

四川省志·金融志（1986—2005）（第 2 次征求意见稿）　《四川省志·金融志》编纂委员会编　不详　2012

四川省志·出版志（征求意见稿）（第二稿）　四川省新闻出版局《四川省志·出版志》编纂委员会编　不详　2012

四川省志·地矿勘查开发志（1986—2005）　四川省地方志编纂委员会编　方志出版社　2013

四川省志·气象志（1986—2005）四川省地方志编纂委员会编　方志出版社　2013

四川省志·电力工业志（1986—2005）　四川省地方志编纂委员会编　方志出版社　2013

四川省志·方言志(1986—2005) 四川省地方志编纂委员会编 方志出版社 2013

四川省志·金融志(1986—2005) 四川省地方志编纂委员会编 方志出版社 2013

四川省志·公安志(1986—2005) 四川省地方志编纂委员会编 方志出版社 2014

四川省志·林业志(1986—2005) 四川省地方志编纂委员会编 方志出版社 2014

四川省志·旅游志(1986—2005) 四川省地方志编纂委员会编 方志出版社 2014

四川省志·粮食志(1986—2005) 四川省地方志编纂委员会编 方志出版社 2014

四川省志·科学技术志(1986—2005) 四川省地方志编纂委员会编 方志出版社 2014

四川省志·档案志(1986—2005) 四川省地方志编纂委员会编 方志出版社 2014

四川省志·妇女工作志(1986—2005) 四川省地方志编纂委员会编 方志出版社 2015

四川省志·发展改革志(1986—2005) 四川省地方志编纂委员会编 方志出版社 2015

四川省志·物价志(1986—2005) 四川省地方志编纂委员会编 方志出版社 2015

四川省志·统计志(1986—2005) 四川省地方志编纂委员会编 方

志出版社　2016

四川省志·人事志（1986—2005）　四川省地方志编纂委员会编　方志出版社　2016

四川省志·质量技术监督志（1986—2005）　四川省地方志编纂委员会编　方志出版社　2016

四川省志·川菜志（1986—2005）　四川省地方志编纂委员会编　方志出版社　2016

四川省志·水利志（1986—2005）　四川省地方志编纂委员会编　方志出版社　2016

四川省志·政协志（1986—2005）　四川省地方志编纂委员会编　方志出版社　2017

四川省志·索引　四川省地方志编纂委员会编　方志出版社　不详

四川省志·政务志·政协篇（征求意见稿）　四川省人大常委会办公厅《四川省志·政务志·政协篇》编纂委员会编　四川省人大常委会办公厅《四川省志·政务志·人大篇》编纂委员会　不详

成都市

成都市志·邮政志　成都市地方志编纂委员会编　成都出版社　1993

成都市志·计划志　成都市地方志编纂委员会编　成都出版社　1993

成都市志·地理志　成都市地方志编纂委员会编　成都出版社　1993

成都市志·环境卫生志 成都市地方志编纂委员会编 四川人民出版社 1994

成都市志·建筑志 成都市地方志编纂委员会编 中国建筑工业出版社 1994

成都市志·物资志 成都市地方志编纂委员会编 成都出版社 1995

成都市志·机械工业志 成都市地方志编纂委员会编 成都出版社 1995

成都市志·标准计量志 成都市地方志编纂委员会编 成都出版社 1995

成都市志·劳动志 成都市地方志编纂委员会编 成都出版社 1995

成都市志·粮食志 成都市地方志编纂委员会编 成都出版社 1995

成都市志·人事志 成都市人事局编 四川人民出版社 1995

成都市志·审判志 成都市地方志编纂委员会编 四川大学出版社 1996

成都市志·公用事业志 成都市地方志编纂委员会编 四川大学出版社 1996

成都市志·外事志 成都市地方志编纂委员会编 世界知识出版社 1996

成都市志·商业志 成都市地方志编纂委员会编 四川大学出版社 1996

成都市志·政协志 成都市地方志编纂委员会编 四川人民出版社 1997

成都市志·广播电视志 成都市地方志编纂委员会编 四川人民出版社 1997

成都市志·乡镇企业志 成都市地方志编纂委员会编 方志出版社 1997

成都市志·税务志 成都市地方志编纂委员会编 方志出版社 1997

成都市志·民政志 成都市地方志编纂委员会编 方志出版社 1997

成都市志·林业志 成都市地方志编纂委员会编 方志出版社 1997

成都市志·勘测志 成都市地方志编纂委员会编 中国建筑工业出版社 1997

成都市志·川剧志 成都市地方志编纂委员会编 方志出版社 1997

成都市志·房地产志 成都市地方志编纂委员会编 方志出版社 1997

成都市志·卫生志 成都市地方志编纂委员会编 方志出版社 1997

成都市志·军事志 成都市地方志编纂委员会编 成都出版社 1997

成都市志·物价志 成都市地方志编纂委员会编 四川辞书出版社 1998

成都市志·图书出版志 成都市地方志编纂委员会编 四川辞书出版社 1998

成都市志·宗教志 成都市地方志编纂委员会编 四川辞书出版社 1998

成都市志·电信志 成都市地方志编纂委员会编 四川辞书出版社 1998

成都市志·市政建设志 成都市地方志编纂委员会编 四川人民出版社 1998

成都市志·园林志 成都市地方志编纂委员会编 四川辞书出版社 1998

成都市志·城市规划志 成都市地方志编纂委员会编 四川辞书出版社 1998

成都市志·文化艺术志 成都市地方志编纂委员会编 四川人民出版社 1999

成都市志·司法行政志 成都市地方志编纂委员会编 四川辞书出版社 1999

成都市志·统计志 成都市地方志编纂委员会编 四川辞书出版社 1999

成都市志·科学技术志 成都市地方志编纂委员会编 四川科学技术出版社 1999

成都市志·工商行政管理志 成都市地方志编纂委员会编 四川辞书出版社 2000

成都市志·监察志 成都市地方志编纂委员会编 四川辞书出版社 2000

成都市志·公安志　成都市地方志编纂委员会编　四川人民出版社
2000

成都市志·体育志　成都市地方志编纂委员会编　四川辞书出版社
2000

成都市志·群众团体志　成都市地方志编纂委员会编　四川辞书出
版社　2000

成都市志·政党志　成都市地方志编纂委员会编　四川辞书出版社
2000

成都市志·农机志　成都市地方志编纂委员会编　四川辞书出版社
2000

成都市志·医药志　成都市地方志编纂委员会编　四川辞书出版社
2000

成都市志·档案志　成都市地方志编纂委员会编　四川辞书出版社
2000

成都市志·金融志　成都市地方志编纂委员会编　四川辞书出版社
2000

成都市志·报业志　成都市地方志编纂委员会编　四川辞书出版社
2000

成都市志·检察志　成都市地方志编纂委员会编　四川辞书出版社
2000

成都市志·侨务志　成都市地方志编纂委员会编　四川辞书出版社
2000

成都市志·财政志　成都市地方志编纂委员会编　四川辞书出版社
2000

成都市志·电子仪表工业志　成都市地方志编纂委员会编　四川辞书出版社　2000

成都市志·轻工业志　成都市地方志编纂委员会编　四川辞书出版社　2000

成都市志·国土志　成都市地方志编纂委员会编　四川辞书出版社　2000

成都市志·环境保护志　成都市地方志编纂委员会编　四川辞书出版社　2000

成都市志·文物志　成都市地方志编纂委员会编　四川辞书出版社　2000

成都市志·化学工业志　成都市地方志编纂委员会编　四川辞书出版社　2000

成都市志·教育志　成都市地方志编纂委员会编　四川人民出版社　2000

成都市志·纺织工业志　成都市地方志编纂委员会编　四川辞书出版社　2000

成都市志·民族志　成都市地方志编纂委员会编　四川辞书出版社　2001

成都市志·交通志　成都市地方志编纂委员会编　四川辞书出版社　2001

成都市志·文学志　成都市地方志编纂委员会编　四川辞书出版社　2001

成都市志·建筑材料工业志　成都市地方志编纂委员会编　四川辞书出版社　2001

成都市志·对外经济贸易志 成都市地方志编纂委员会编 四川辞书出版社 2001

成都市志·人民代表大会志 成都市地方志编纂委员会编 四川辞书出版社 2001

成都市志·水利志 成都市地方志编纂委员会编 四川辞书出版社 2001

成都市志·哲学社会科学志 成都市社会科学院编 巴蜀书社 2005

成都市志·民俗方言志 成都市地方志编纂委员会编 方志出版社 2006

成都市志·总志 成都市地方志编纂委员会编 成都时代出版社 2009

成都市志·农业志 成都市农业委员会编 四川科学技术出版社 2009

成都市志·大事记 成都市地方志编纂委员会编 方志出版社 2010

成都市志·政府志 成都市地方志编纂委员会编 方志出版社 2011

成都市志·冶金工业志 成都市地方志编纂委员会编 方志出版社 2012

成都市东城区志 锦江区地方志编纂委员会编 成都出版社 1995

成都市锦江区志（1991—2005） 成都市锦江区地方志编纂委员会编 方志出版社 2011

成都市西城区志 青羊区地方志编纂委员会编 成都出版社 1995

成都市青羊区志（1991—2005） 成都市青羊区地方志编纂委员会编 天津人民出版社 2010

成都市金牛区志 成都市金牛区地方志编纂委员会编 四川大学出版社 1996

成都市金牛区志（1991—2005） 成都市金牛区地方志编纂委员会编 方志出版社 2012

成都市武侯区志（1990—2005） 成都市武侯区地方志编纂委员会编 方志出版社 2011

成都市武侯区志（征求意见稿） 成都市武侯区地方志编纂委员会编 成都市武侯区地方志编纂委员会办公室 不详

成都市武侯区志（2005—2011） 成都市武侯区地方志编纂委员会编 方志出版社 2011

成都市成华区志（1990—2005） 成都市成华区地方志编纂委员会编 新华出版社 2014

成都市龙泉驿区志 成都市龙泉驿区地方志编纂委员会编 成都出版社 1995

成都市龙泉驿区志（1989—2005）（终审稿） 成都市龙泉驿区地方志编纂委员会编 不详 不详

成都市龙泉驿区志（1989—2005） 成都市龙泉驿区地方志编纂委员会编 方志出版社 2013

成都市青白江区志 王化中总编 成都市青白江区地方志编纂委员会编 成都出版社 1995

成都市青白江区志（1991—2005） 成都市青白江区地方志编纂委员会编　方志出版社　2017

新都县志 新都县志编纂委员会编　四川人民出版社　1994

温江县志 四川省温江县志编纂委员会编　四川人民出版社　1990

成都市温江区志（1986—2005） 成都市温江区地方志编纂委员会编　方志出版社　2011

双流县志 四川省双流县志编纂委员会编　四川人民出版社　1992

双流县志（1986—2005） 双流县地方志编纂委员会编　四川科学技术出版社　2011

双流县志（1911—1985） 成都市双流区地方志编委会编　四川科学技术出版社　2016

郫县志 四川省郫县志编纂委员会编　四川人民出版社　1989

郫县志（1986—2005） 郫县地方志编委会编　方志出版社　2014

灌县志 四川省灌县地方志编纂委员会编　四川人民出版社　1991

都江堰市志（1986—2005） 都江堰市地方志办公室编　方志出版社　2013

彭县志 四川省彭县志编纂委员会编　四川人民出版社　1989

彭县志 彭州市地方志编纂委员会编　四川人民出版社　2014

邛崃县志 邛崃县志编纂委员会编　四川人民出版社　1993

邛崃市志（1986—2005） 邛崃市地方志编纂委员会编　方志出版社　2011

邛崃县志·农业志　邛崃县志编辑室编　不详　1985

新修邛崃县志·军事志　尚宗钊等编　不详　1986

新修邛崃县志·人物传　邛崃县志编纂委员会办公室编　邛崃县县志办公室　1986

邛崃县志·大事记　邛崃县志编撰委员会办公室编　不详　1992

新修邛崃县志·夹关乡志　郭兴平等编　不详　1982

新修邛崃县志·下坝乡志　熊国荣等编　不详　1982

崇庆县志　崇庆县新县志编纂委员会编　四川人民出版社　1991

崇州市志（1986—2000）　四川省崇州市地方志编纂委员会编　四川人民出版社　2004

崇庆县志校注　罗元黼纂修　周九香校注　四川大学出版社　2014

崇庆县志（1911—1985）　四川省崇庆县新县志编纂委员会编　四川人民出版社　2015

崇庆县志（1911—1985）增订版　崇庆县新县志编纂委员会编　四川省崇州市地方志办公室增订　四川人民出版社　2015

简阳县志纲目（第三稿）　简阳县地方志编纂委员会办公室编　简阳县地方志编纂委员会办公室　1986

简阳县志　四川省简阳县志编纂委员会编　巴蜀书社　1996

简阳市志（1986—2005）　简阳市地方志编委会编　四川人民出版社　2011

简阳县志·大事记述（试写稿）　简阳县地方志编纂委员会办公室编

简阳县地方志编纂委员会办公室　1987

简阳县志·经济综志（试写稿） 简阳县地方志编纂委员会办公室编　简阳县地方志编纂委员会办公室　1987

简阳县志·人口志（试写稿） 简阳县地方志编纂委员会办公室编　不详　1988

简阳县志·金融志（试写稿） 简阳县地方志编纂委员会办公室编　简阳县地方志编纂委员会办公室　1988

简阳县志·建置沿革志（试写稿） 简阳县地方志编纂委员会办公室编　简阳县地方志编纂委员会办公室　1988

简阳县志·农业志（试写稿） 简阳县地方志编纂委员会办公室编　简阳县地方志编纂委员会办公室　1988

简阳县志·经济综志（第二稿） 简阳县地方志编纂委员会办公室编　简阳县地方志编纂委员会办公室　1988

简阳县志·工业志（试写稿） 简阳县地方志编纂委员会办公室编　简阳县地方志编纂委员会办公室　1991

简阳县志·自然地理志（试写稿） 简阳县地方志编纂委员会办公室编　简阳县地方志编纂委员会办公室　1992

简阳县志·水利志（试写稿） 简阳县地方志编纂委员会办公室编　简阳县地方志编纂委员会办公室　1992

简阳县志·棉花志（试写稿） 简阳县地方志编纂委员会办公室编　简阳县地方志编纂委员会办公室　1992

简阳县志·体育志（试写稿） 简阳县地方志编纂委员会办公室编　简阳县地方志编纂委员会办公室　1992

简阳县志·建设志（试写稿） 简阳县地方志编纂委员会办公室编
简阳县地方志编纂委员会办公室 1992

金堂县志 金堂县地方志编纂委员会编 四川人民出版社 1994

金堂县志（1991—2005） 金堂县地方志编纂委员会编 方志出版
社 2015

大邑县志 大邑县志编纂委员会编 四川人民出版社 1992

大邑县志续编 四川省大邑县志编纂委员会编 四川大学出版社
1996

民国大邑县志校注 大邑县地方志编纂委员会办公室编 周九香校
注 巴蜀书社 2017

蒲江县志 四川省蒲江县地方志编纂委员会办公室编 四川人民出
版社 1992

蒲江县志（1986—2005） 蒲江县地方志编纂委员会办公室编 方
志出版社 2011

新津县志 四川省新津县志编纂委员会编 四川人民出版社 1989

新津县志（1986—2005） 四川省新津县地方志编纂委员会编 方
志出版社 2012

自贡市

自贡市志 自贡市地方志编纂委员会编 方志出版社 1997

自贡市志（1991—2005） 自贡市地方志编纂委员会编 方志出版
社 2012

自贡市自流井区志 自贡市自流井区地方志编纂委员会编 巴蜀书社 1993

自贡市自流井区志（1986—2005） 自贡市自流井区地方志编纂委员会编 方志出版社 2013

自贡市贡井区志 自贡市贡井区地方志编纂委员会编 四川人民出版社 1995

自贡市贡井区志（1986—2005） 自贡市贡井区地方志编纂委员会编 方志出版社 2013

自贡市沿滩区志 自贡市沿滩区志编纂委员会编 四川人民出版社 1997

自贡市沿滩区志（1986—2005）《自贡市沿滩区志》编纂委员会编 方志出版社 2013

大安区志 自贡市大安区地方志编纂委员会编 四川辞书出版社 1991

大安区志（1989 2006）《大安区志》编纂委员会编 方志出版社 2016

自贡高新区志（1990—2005）《自贡高新区志》编纂委员会编 方志出版社 不详

荣县志 四川省荣县志编纂委员会编 四川大学出版社 1993

荣县志（1986—2003） 荣县志编纂委员会编 方志出版社 2010

四川省荣县志·商贸分志 荣县志编纂委员会编 荣县志编纂委员会 不详

富顺县志　四川省富顺县地方志编纂委员会编　四川大学出版社　1993

富顺县志（1988—2005）　富顺县地方志编纂委员会编　方志出版社　2011

攀枝花市

攀枝花市志　攀枝花市志编纂委员会编　四川科学技术出版社　1994

攀枝花市志　四川省攀枝花市志编纂委员会编　中国广播电视出版社　2007

攀枝花市志（1986—2005）　攀枝花市地方志编纂委员会编　方志出版社　2010

攀西开发志·攀枝花卷　《攀西开发志》编纂委员会编　四川人民出版社　2007

攀枝花市志·军事志（1965—2005）　攀枝花军分区军事志编纂委员会编　四川人民出版社　2007

攀枝花市东区志（1973—2000）　攀枝花市东区地方志编纂委员会编　方志出版社　2005

攀枝花市西区志（1973—2005）　攀枝花市西区地方志编纂委员会编　方志出版社　2010

仁和区志　四川省攀枝花市仁和区志编纂委员会编　四川人民出版社　2001

仁和区志 《仁和区志》编纂委员会编 哈尔滨工程大学出版社
2010

米易县志 四川省米易县志编纂委员会编 四川辞书出版社 1999

米易县志（1991—2006） 《米易县志》编纂委员会编 方志出版
社 2010

盐边县志 盐边县志编纂委员会编 四川科学技术出版社 1999

盐边县志（1993—2005） 《盐边县志》编纂委员会编 方志出版
社 2010

泸州市

泸州市志 泸州市地方志编纂委员会编 四川人民出版社 1998

泸州市志（1991—2005） 泸州市地方志编纂委员会编 方志出版
社 2011

泸州市市中区志 泸州市市中区地方志编纂委员会编 四川辞书出
版社 1998

泸州市江阳区志（1996—2005） 《泸州市江阳区志》编纂委员会
编 中国文史出版社 2012

泸州市龙马潭区志（1996—2005） 泸州市龙马潭区地方志编纂委
员会编 中国文史出版社 2014

纳溪县志 纳溪县志编纂委员会编 四川科学技术出版社 1992

纳溪区志（1986—2005） 四川省泸州市纳溪区区志办公室编 方
志出版社 2006

泸县志　四川省泸县县志办公室编　四川科学技术出版社　1993

泸县志（1986—2003）　四川省泸县地方志编纂委员会编　方志出版社　2006

合江县志　合江县志编纂委员会编　四川科学技术出版社　1993

合江县志（1986—2005）　合江县志编纂委员会编　方志出版社　2012

叙永县志　四川省叙永县志编纂委员会编　方志出版社　1998

古蔺县志　古蔺县志编纂委员会编　四川科学技术出版社　1993

古蔺县志（1986—2002）　四川省古蔺县县志编纂委员会编　四川科学技术出版社　2008

德阳市

德阳县志　四川省德阳县志编纂委员会编　四川人民出版社　1994

德阳市志　德阳市地方志编纂委员会编　四川人民出版社　2003

德阳市志（1995—2006）　德阳市地方志编纂委员会编　方志出版社　2012

德阳市市中区志（1985—1996）　《德阳市市中区志》编纂委员会编　方志出版社　2009

罗江县志（1912—2007）　罗江县地方志编纂委员会编　方志出版社　2015

广汉县志　《广汉县志》编纂委员会编　四川人民出版社　1992

广汉市志　广汉市地方志编纂委员会编　中国言实出版社　2014

什邡县志　什邡县县志编辑委员会编　四川大学出版社　1988

什邡市志（1984—2000）　什邡市地方志编纂委员会编　方志出版社　2009

绵竹县志　绵竹县志编纂委员会编　四川科学技术出版社　1992

绵竹县志（1985—1996）　绵竹县地方志编纂委员会编　中国文史出版社　2007

中江县志　四川省中江县志编纂委员会编　四川人民出版社　1994

中江县志（1986—2006）　中江县地方志编纂委员会编　方志出版社　2012

绵阳市

绵阳（县级）市志　绵阳市地方志编纂办公室编　四川辞书出版社　1999

绵阳市志（1840—2000）　绵阳市志编纂委员会编　四川人民出版社　2007

涪城区志（1986—2002）　《涪城区志》编纂委员会编　四川科学技术出版社　2007

绵阳高新区志（1992—2011）　绵阳市高新区志编委会编　方志出版社　2012

绵阳市游仙区志（1992—2005）　绵阳市游仙区人民政府编　太白文艺出版社　2009

安县志　四川省安县志编纂委员会编　巴蜀书社　1991

安县志（1986—2002）　《安县志》续修编纂委员会编　四川科学技术出版社　2009

江油县志　江油市地方志编纂委员会编　四川人民出版社　2000

江油市志（1988—2005）　《江油市志》编纂委员会编　方志出版社　2015

梓潼县志　四川省梓潼县地方志编纂委员会编　方志出版社　1999

梓潼县志　梓潼县县志编纂委员会编　中国文史出版社　2011

平武县志　平武县县志编纂委员会编　四川科学技术出版社　1997

北川县志　北川县志编纂委员会编　方志出版社　1996

北川县志·财税志　北川县财政局　北川县税务局编　内部资料1988

北川县志·卫生医药志（1911年—1985年）　北川县卫生医药志编写领导小组编　内部资料　1988

北川县志·林业志　北川县林业局编　内部资料　1989

北川县志·粮油志（1912—1985）　四川省北川县粮食局编　内部资料　1986

北川县志·多经志　《北川县志·多经志》编写领导小组编　内部资料　1987

北川县志·档案志　北川县档案局编　魏世金主编　内部资料

1988

北川县志·金融志（初稿） 北川县志编委办公室编 内部资料 1988

北川县志·邮电志（初稿） 北川县志编委办公室编 内部资料 1985

北川县志·教育志（初稿） 北川县志编委办公室编 内部资料 1988

北川县志·文化志（初稿） 北川县志编委办公室编 内部资料 1988

北川县志·文物志（初稿） 北川县志编委办公室编 内部资料 1986

北川县志·政权志（初稿） 北川县志编委办公室编 内部资料 1987

北川县志·交通志（1912年—1985年） 北川县志·交通志编写领导小组编 内部资料 1987

北川县志·劳动人事志（初稿） 北川县志编委办公室编 内部资料 1987

北川县志·物价志（1912—1985年） 四川省北川县物价局编 内部资料 1987

北川县志·社会风土志（初稿） 北川县志编委办公室编 内部资料 1993

北川县志·自然地理志（初稿） 北川县志编委办公室编 内部资料 1987

三台县志 四川省三台县志编纂委员会编 四川人民出版社 1992

三台县志（1988—2005） 三台县志编纂委员会编 方志出版社 2012

盐亭县志　四川省盐亭县志编纂委员会编　四川文艺出版社　1991

广元市

广元县志　广元市地方志编纂委员会编　四川辞书出版社　1994

广元市志（1985—2004）　广元市地方志编纂委员会编　方志出版社　2016

广元市元坝区志（1949—2007）　《广元市元坝区志》编纂委员会编　方志出版社　2015

昭化区志　广元市中区昭化区公所编　不详　1988

朝天区志（1986—2005）　广元市朝天区地方志编纂委员会编　方志出版社　2007

剑阁县志（送审稿）　剑阁县志编委办公室编　不详　1990

剑阁县志　四川省剑阁县志编纂委员会编　巴蜀书社　1992

剑阁县志（1990—2006）　剑阁县地方志编委会编　方志出版社　2017

旺苍县志　四川省旺苍县志编纂委员会编　四川人民出版社　1996

旺苍县志（1986—2005）　旺苍县地方志编纂委员会编　中国民族摄影艺术出版社　2008

青川县志　青川县志编纂委员会编　成都科技大学出版社　1992

青川县志·农村信用合作社联合社志（1984—2002）　《青川县农村信用合作社联合社志》编纂小组编　不详　2004

青川县志·青川县人民政府办公室志 （1986—2002） 青川县人民政府办公室编　不详　2005

青川县志·卫生志（1986—2002）　青川县卫生局编　不详　2006

青川县志·劳动和社会保障志（1942—2002）　青川县劳动和社会保障局编　不详　2006

苍溪县志　四川省苍溪县志编纂委员会编　四川人民出版社　1993

苍溪县志·纪检监察志　中共苍溪县纪律检查委员会　苍溪县监察局编　不详　2002

苍溪县志·政协志（1950—2002）　中国人民政治协商会议苍溪县委员会编　中国人民政治协商会议苍溪县委员会编　2002

遂宁市

遂宁县志　四川省遂宁市地方志编纂委员会编　巴蜀书社　1993

遂宁市志　遂宁市地方志办公室　《遂宁市志》编纂委员会编　方志出版社　2006

遂宁市市中区志（1985—2003）　《遂宁市市中区志》编纂委员会编　中央民族大学出版社　2012

蓬溪县志　蓬溪县地方志编纂委员会编　四川辞书出版社　1995

蓬溪县志（1986—2005）　蓬溪县地方志编纂委员会编　方志出版社　2012

射洪县志　射洪县志编纂委员会编　四川大学出版社　1990

大英县志　《大英县志》编纂委员会编　方志出版社　2011

内江市

内江市志　内江市市中区编史修志办公室编　巴蜀书社　1987

内江县志　四川省内江市东兴区志编纂委员会编　巴蜀书社　1994

内江市东兴区志（1990—2003）　四川省内江市东兴区志编纂委员会编　中国文史出版社　2009

隆昌县志　四川省隆昌县志编纂委员会编　巴蜀书社　1995

资中县志　四川省资中县志编纂委员会编　巴蜀书社　1997

资中县志（1986—2005）　资中县志编纂委员会编　中国文史出版社　2012

威远县志　四川省威远县志编纂委员会编　巴蜀书社　1994

威远县志（1986—2002）　《威远县志》编纂委员会编　中国文史出版社　2010

乐山市

乐山市志　乐山市地方志编纂委员会编　巴蜀书社　2001

乐山市志（1995—2006）　乐山市地方志编纂委员会编　成都科技大学出版社　2011

乐山市方志志　乐山市地方志编纂委员会编　不详　2009

乐山市市中区志 四川省乐山市市中区地方志编纂委员会编 巴蜀书社 2003

乐山市市中区志（1996—2008） 乐山市市中区地方志编纂委员会编 方志出版社 2012

五通桥区志 四川省五通桥区志编纂委员会编 巴蜀书社 1992

乐山市五通桥区志（1991—2005） 乐山市五通桥地方志编纂委员会编 巴蜀书社 2011

乐山市沙湾区志（1996—2006） 乐山市沙湾区地方志编纂委员会编 中央民族大学出版社 2011

沙湾区志 沙湾区地方志编纂委员会编 四川人民出版社 2001

金口河区志 乐山市金口河区地方志编纂委员会编 巴蜀书社 1999

金口河区志（1998—2007）（征求意见稿） 乐山市金口河区地方志编纂委员会编 不详 2012

峨眉县志 四川省峨眉县志编纂委员会编 四川人民出版社 1991

峨眉山市志（1986—2005） 峨眉山市地方志编纂委员会编 中央民族大学出版社 2014

犍为县志 四川省犍为县志编纂委员会编 四川人民出版社 1991

犍为县志（1986—2000） 四川省犍为县志编纂委员会编 四川科学技术出版社 2004

井研县志 四川省井研县志编纂委员会编 四川人民出版社 1990

井研县志（1986—2000） 四川省井研县志编纂委员会编 四川人

民出版社 2004

夹江县志 四川省夹江县地方志编纂委员会编 四川人民出版社 1989

夹江县志 四川省夹江县地方志编纂委员会编 成都科技大学出版 社 2009

沐川县志 四川省沐川县地方志编纂委员会编 巴蜀书社 1993

沐川县志（1986—2000） 四川省沐川县地方志编纂委员会编 巴 蜀书社 2002

峨边彝族自治县志 峨边彝族自治县地方志编纂委员会编 四川辞 书出版社 1994

峨边彝族自治县志（1988—2003） 峨边彝族自治县地方志编纂委 员会编 方志出版社 2008

马边彝族自治县志（送审稿） 马边彝族自治县地方志编纂委员会编 不详 1994

马边彝族自治县志 马边彝族自治县地方志编纂委员会编 成都科 技大学出版社 1996

马边彝族自治县志（1994—2006） 马边彝族自治县地方志编纂委 员会编 中央民族大学出版社 2013

南充市

川北区志（1950.1—1952.9） 《川北区志》编纂委员会编 方志 出版社 2015

南充县志　四川省南充县地方志编纂委员会编　四川人民出版社
1993

南充市志　四川省南充市地方志编纂委员会编　四川人民出版社
1994

南充市志·续编　四川省南充市顺庆区地方志编纂委员会编　四川
人民出版社　1997

南充市志（1707—2003）　《南充市志》编纂委员会编　方志出版
社　2010

南充市顺庆区志（1993—2005）　南充市《顺庆区志》编纂委员会
编　方志出版社　2009

南充市高坪区志（1993—2007）　《南充市高坪区志》编纂委员会
编　方志出版社　2013

南充市嘉陵区志(1993—2003)南充市嘉陵区志编纂委员会编　方
志出版社　2012

阆中市志（1986—2005）　阆中市地方志编纂委员会编　中国文史
出版社　2014

阆中县志　阆中市地方志编纂委员会编著　四川人民出版社　1993

南部县志　四川省南部县志编纂委员会编　四川人民出版社　1994

南部县志（1991—2004）　《南部县志》编纂委员会编　方志出版
社　2010

西充县志　四川省西充县志编纂委员会编　重庆出版社　1993

西充县志（1986—2005）　《西充县志》编纂委员会编　方志出版
社　2013

营山县志　营山县县志编纂委员会编　四川辞书出版社　1989

营山县志（1986—2003）　《营山县志》编纂委员会编　成都时代出版社　2006

仪陇县志　四川省仪陇县志编纂委员会编　四川科学技术出版社　1994

仪陇县志　四川省仪陇县地方志编纂委员会编　四川科学技术出版社　2007

蓬安县志　蓬安县志编纂委员会编　四川辞书出版社　1994

蓬安县志（1986—2006）　蓬安县志编纂委员会编　方志出版社　2014

宜宾市

宜宾市志　宜宾市地方志办公室编　新华出版社　1992

宜宾市志（1911—2000）　宜宾市志编纂委员会编　方志出版社　2011

翠屏区志（1986—2000）　《翠屏区志》编纂委员会编　方志出版社　2004

南溪县志　四川省南溪县志编纂委员会编　四川人民出版社　1992

南溪县志（1986—2000）　《南溪县志》编纂委员会编　方志出版社　2013

宜宾县志　四川省宜宾县志编纂委员会编　巴蜀书社　1991

宜宾县志（1986—2005） 宜宾县地方志编纂委员会编 方志出版社 2013

江安县志 江安县志编纂委员会编 方志出版社 1998

江安县志（1986—2000） 《江安县志》编纂委员会编 方志出版社 2009

长宁县志 长宁县志编纂委员会编 巴蜀书社 1994

长宁县志（1986—2000） 长宁县志编纂委员会编 中国文史出版社 2008

高县志 高县志编纂委员会编 巴蜀书社 1992

高县志 高县志编纂委员会编 方志出版社 1998

高县志（1991—2008） 四川省高县志编纂委员会编 方志出版社 2010

筠连县志 筠连县县志编纂委员会编 四川科学技术出版社 1998

筠连县志（1986—2005） 筠连县县志编纂委员会编 方志出版社 2010

珙县志 四川省珙县志编纂委员会编 四川人民出版社 1995

珙县志(1986—2000)《珙县志》编纂委员会编 方志出版社 2008

兴文县志 兴文县志编纂委员会编 四川辞书出版社 1994

兴文县志·续编（1986—1995） 四川省兴文县志编纂委员会编 四川人民出版社 1998

兴文县志（1996—2005） 《兴文县志》编纂委员会编 方志出版

社 2010

屏山县志 屏山县志编纂委员会编 四川人民出版社 1998

屏山县志（1986—2000） 屏山县志编纂委员会编 方志出版社 2009

广安市

广安县志 广安县志编纂委员会编 四川人民出版社 1994

广安市志（1993—2005） 广安市志编纂委员会编 中央文献出版社 2012

华蓥市志 四川省华蓥市志编纂委员会编 四川人民出版社 1995

华蓥市志（1992—2005） 华蓥市地方志编纂委员会编 方志出版社 2012

岳池县志（1911—1985） 四川省岳池县地方志编纂委员会编 成都电讯工程学院出版社 1993

岳池县志（1986—2002） 四川省岳池县志编纂委员会编 天地出版社 2009

武胜县志 四川省武胜县志编纂委员会编 重庆出版社 1994

武胜县志（1986—2005） 四川省武胜县志编纂委员会编 四川人民出版社 2009

武胜县志（1986—2005） 武胜县志编纂委员会编 方志出版社 2011

邻水县志　四川省邻水县地方志编纂委员会编　四川科学技术出版社　1991

邻水县志（1986—2005）　邻水县志地方编纂委员会编　中国文史出版社　2012

邻水县志·概述（初稿）　邻水县县志编纂委员会编　不详　1987

邻水县志·农业志（初稿）　邻水县县志编纂委员会编　不详　1987

邻水县志·工业志（初稿）　邻水县县志编纂委员会编　不详　1987

邻水县志·自然地理志（初稿）　邻水县县志编纂委员会编　不详　1987

邻水县志·建置志（初稿）　邻水县县志编纂委员会编　不详　1987

邻水县志·综合经济志（初稿）　邻水县县志编纂委员会编　不详　1987

邻水县志·人口志（初稿）　邻水县县志编纂委员会编　不详　1987

邻水县志·建置志（初稿）　邻水县县志编纂委员会编　不详　1987

邻水县志·民政志（初稿）　邻水县县志编纂委员会编　不详　1987

邻水县志·社会风土志（初稿）　邻水县县志编纂委员会编　不详　1987

邻水县志·卫生体育志（初稿）　邻水县县志编纂委员会编　不详　1987

邻水县志·自然地理（修改稿）　邻水县县志编纂委员会编　不详　不详

邻水县志·人物（定稿本） 邻水县县志编纂委员会编 不详 不详

邻水县志·附录（定稿本） 邻水县县志编纂委员会编 不详 不详

达州市

达县市志 达县市地方志工作委员会编 四川人民出版社 1994

达县志 达县志编纂委员会编 四川辞书出版社 1994

达县志（1986—2005） 达县志编纂委员会编 中国文史出版社 2013

达州市志（1911—2003） 《达州市志》编纂委员会编 方志出版社 2009

达州市通川区志（1986—2005） 《达州市通川区志》编纂委员会编 中国文史出版社 2013

万源县志 四川省万源县志编纂委员会编 四川人民出版社 1996

万源市志（1986—2005） 四川省万源市地方志编纂委员会编 中国文史出版社 2009

宣汉县志 四川省宣汉县志编纂委员会编 西南财经大学出版社 1994

宣汉县志 四川省宣汉县志编纂委员会编 中国文史出版社 2011

开江县志 四川省开江县志编纂委员会编 四川人民出版社 1989

开江县志（1986—2005） 四川省开江县地方志编纂委员会编 方志出版社 2006

大竹县志 四川省大竹县志编纂委员会编 重庆出版社 1992

大竹县志（1986—2002） 四川省大竹县志编纂委员会编 方志出版社 2006

渠县志 四川省渠县志编纂委员会编 四川科学技术出版社 1991

渠县志（1986—2005） 四川省渠县地方志编纂委员会编 中国文史出版社 2009

巴中市

巴中县志 四川省巴中县志编纂委员会编 巴蜀书社 1994

巴中县志（1986—1993） 四川省巴中市地方志编纂委员会编 四川人民出版社 2000

巴中市志 巴中市地方志编纂委员会编 方志出版社 2014

巴中市巴州区志（1994—2005） 四川省巴中市巴州区地方志编纂委员会编 中国文史出版社 2013

平昌县志 四川省平昌县地方志编纂委员会编 四川科学技术出版社 1990

平昌县志（1986—2005） 四川省平昌县地方志编纂委员会编 方志出版社 2013

平昌县得胜区志 中共平昌县得胜区委平昌县得胜区公所编 不详 1993

通江县志 四川省通江县志编纂委员会编 四川人民出版社 1998

通江县志（1986—2005） 四川省通江县地方志编纂委员会编 方志出版社 2011

南江县志 南江县志编委会编 成都出版社 1992

南江县志 四川省南江县志编纂委员会编 中国文史出版社 2011

雅安市

雅安市志 雅安市志编纂委员会编 四川人民出版社 1996

雅安市志·续编（1986—2000） 《雅安市志（续编）》编纂委员会编 四川科技出版社 2002

名山县志 名山县志编纂委员会编 四川科学技术出版社 1992

名山县志（1986—2000） 名山县志编纂委员会编 方志出版社 2006

名山县政府志 名山县政府志编纂领导小组编 不详 2009

荥经县志 四川省荥经县地方志编纂委员会编 西南师范大学出版社 1998

荥经县志（1986—2000） 《荥经县志》编纂委员会编 方志出版社 2011

汉源县志 汉源县志编纂委员会编著 四川科学技术出版社 1994

汉源简志（1786—2013） 汉源县县志编纂委员会办公室编 中央民族大学出版社 2015

石棉县志　石棉县地方志编纂委员会编　四川辞书出版社　1999

石棉县志（1986—2000）　石棉县地方志编纂委员会编　中国文史出版社　2010

天全县志　四川省天全县志编纂委员会编　四川科学技术出版社　1997

天全县志（1986—2005）　《天全县志》编纂委员会编　四川科学技术出版社　2010

芦山县志　芦山县志编纂委员会编　方志出版社　2000

宝兴县志　四川省宝兴县志编纂委员会编　方志出版社　2000

宝兴县志（1986—2005）　宝兴县志编纂委员会编　方志出版社　2012

眉山市

眉山县志　王致修总编　四川省眉山县志编纂委员会编　四川人民出版社　1992

眉山县志（1988—2000）　四川省眉山县东坡区人民政府主修　方志出版社　2003

眉山县志 · 农业篇　眉山县志办公室编纂　不详　不详

眉山县志 · 财税篇　眉山县志办公室编纂　不详　不详

眉山县志 · 水利篇　眉山县志办公室编纂　不详　不详

眉山县志·乡镇企业篇 眉山县志办公室编纂 不详 不详

眉山县志·区乡镇篇 眉山县志办公室编纂 不详 不详

眉山县志·农劳动人事业篇 眉山县志办公室编纂 不详 不详

眉山县志·金融篇 眉山县志办公室编纂 不详 不详

眉山县志·商业篇 眉山县志办公室编纂 不详 不详

眉山县志·三苏祠篇 眉山县志办公室编纂 不详 不详

眉山县志·建置篇 眉山县志办公室编纂 不详 不详

仁寿县志 四川省仁寿县志编纂委员会编 四川人民出版社 1990

仁寿县志（1986—2002） 仁寿县志编纂委员会编 方志出版社 2007

洪雅县志 洪雅县地方志编纂委员会编 电子科技大学出版社 1997

洪雅县志（1993—2004） 洪雅县地方志编纂委员会编 方志出版社 2008

彭山县志 四川省彭山县志编纂委员会编 巴蜀书社 1991

彭山县志（1986—2000） 四川省彭山县志编纂委员会编 远方出版社 2002

青神县志 青神县县志编纂委员会编 成都科技大学出版社 1996

青神县志（1991—2005） 《青神县志》编纂委员会编 方志出版社 2011

青神县志·自然地理志（初稿） 四川省乐山市青神县志办公室编 不

详　1986

丹棱县志　四川省丹棱县志编纂委员会编　不详　2000

丹棱县志（1993—2006）　《丹棱县志》编纂委员会编　方志出版社　2011

资阳市

资阳县志　资阳县编纂委员会编　巴蜀书社　1993

资阳市雁江区志（1986—2005）　《资阳市雁江区志》编纂委员会编　法律出版社　2016

安岳县志　安岳县地方志编纂委员会编　四川人民出版社　1993

安岳县志（1986—2005）　安岳县地方志编纂委员会编　成都科技大学出版社　2011

乐至县志续编　乐至县志编修委员会编　不详　不详

乐至县志　乐至县志编纂委员会编　四川人民出版社　1995

乐至县志（1986—2005）　《乐至县志》编纂委员会编　方志出版社　2011

阿坝藏族自治州

阿坝州志　阿坝藏族羌族自治州地方志编纂委员会编　民族出版社　1994

阿坝州志（1991—2005）（送审稿） 阿坝藏族羌族自治州地方志编纂委员会编 四川出版集团 四川民族出版社 2010

阿坝州志（1991—2005） 阿坝藏族羌族自治州地方志编纂委员会编 四川出版集团 四川民族出版社 2010

阿坝州志·简志 阿坝藏族羌族自治州地方志编纂委员会编 巴蜀书社 2012

阿坝州志·大事记（1991—2005）（合纂稿） 《阿坝州志》总编室编 不详 2006

阿坝州志·自然地理（1991—2005）（合纂稿） 《阿坝州志》总编室编 不详 2006

阿坝州志·人口与计划生育（1991—2005）（合纂稿） 《阿坝州志》总编室编 不详 2006

阿坝州志·民族（1991—2005）（合纂稿） 《阿坝州志》总编室编 不详 2006

阿坝州志·宗教（1991—2005）（合纂稿） 《阿坝州志》总编室编 不详 2006

阿坝州志·综合经济（1991—2005）（合纂稿） 《阿坝州志》总编室编 不详 2006

阿坝州志·农业（1991—2005）（合纂稿） 《阿坝州志》总编室编 不详 2006

阿坝州志·林业（1991—2005）（合纂稿） 《阿坝州志》总编室编 不详 2006

阿坝州志·商业贸易（1991—2005）（合纂稿） 《阿坝州志》总编

室编 不详 2006

阿坝州志·金融保险（1991—2005）（合纂稿） 《阿坝州志》总编
室编 不详 2006

阿坝州志·旅游（1991—2005）（合纂稿） 《阿坝州志》总编室编
不详 2006

阿坝州志·政协（1991—2005）（合纂稿） 《阿坝州志》总编室编
不详 2006

阿坝州志·社会团体（1991—2005）（合纂稿） 《阿坝州志》总编
室编 不详 2006

阿坝州志·军事（1991—2005 ）（合纂稿） 《阿坝州志》总编室
编 不详 2006

阿坝州志·教育（1991—2005）（合纂稿） 《阿坝州志》总编室编
不详 2006

阿坝州志·科技（1991—2005）（合纂稿） 《阿坝州志》总编室编
不详 2006

阿坝州志·文化（1991—2005）（合纂稿） 《阿坝州志》总编室编
不详 2006

阿坝州志·体育（1991—2005）（合纂稿） 《阿坝州志》总编室编
不详 2006

阿坝州志·补遗·土司（士官）（1991—2005）（合纂稿） 《阿坝
州志》总编室编 不详 2006

阿坝州志·人物（1991—2005）（合纂稿） 《阿坝州志》总编室编
不详 2006

马尔康县志 四川省马尔康县地方志编纂委员会编 四川人民出版社 1995

马尔康县志（1991—2005） 马尔康县地方志编纂委员会编 方志出版社 2014

汶川县志 四川省阿坝藏族羌族自治州汶川县地方志编纂委员会编 民族出版社 1992

汶川县志（1986—2000） 汶川县史志编纂委员会编 巴蜀书社 2007

理县志 四川省理县志编辑小组编 四川民族出版社 1997

理县志 （1991—2005） 理县地方志编纂委员会编 方志出版社 2013

茂汶羌族自治县志 四川省阿坝藏族羌族自治州茂汶羌族自治县地方志编纂委员会编 四川辞书出版社 1997

茂县志（1988—2005） 四川省茂县地方志编辑小组编 方志出版社 2010

松潘县志 四川省阿坝藏族羌族自治州 松藩县志编纂委员会编 民族出版社 1999

松潘县志（1991—2005） 松潘县地方志编纂委员会编 方志出版社 2013

九寨沟志 张善云 黄天鹗修纂 四川民族出版社 1990

南坪县志 雷学锋主编 民族出版社 1994

九寨沟县志（1986—2005） 九寨沟县地方志编纂委员会编 方志

出版社　2011

金川县志　金川县地方志编纂委员会编　民族出版社　1994

金川县志（1989—2005）　金川县地方志编纂委员会编　方志出版社　2013

小金县志　四川省阿坝藏族羌族自治州小金县地方志编纂委员会编　四川辞书出版社　1995

小金县志（1986—2005）　小金县地方志编纂委员会编　方志出版社　2016

黑水县志　四川省阿坝藏族羌族自治州黑水县地方志编纂委员会编　民族出版社　1993

黑水县志（1989—2005）　黑水县志编纂委员会编　方志出版社　2010

壤塘县志　壤塘县地方志编纂委员会主编　民族出版社　1997

壤塘县志（1991—2005）　壤塘县地方志编纂委员会主编　方志出版社　2013

阿坝县志　阿坝县地方志编纂委员会编　民族出版社　1993

阿坝县志（1990—2005）　阿坝县地方志编纂委员会编　方志出版社　2013

若尔盖县志　若尔盖县志编纂委员会编　民族出版社　1996

若尔盖县志（1989—2005）　若尔盖县地方志编纂委员会编　九州出版社　2011

红原县志　四川省红原县地方志编纂委员会编　四川人民出版社

1996

红原县志 红原县地方志编纂委员会编 方志出版社 2011

甘孜藏族自治州

甘孜州志 甘孜州志编纂委员会编 四川人民出版社 1997

甘孜州志(1991—2005) 甘孜藏族自治州地方志编纂委员会编 四川人民出版社 2010

康定县志 四川省康定县志编纂委员会编 四川辞书出版社 1995

康定县志·续编 四川省康定县地方志办公室编 巴蜀书社 2000

泸定县志 泸定县县志编纂委员会编 四川科学技术出版社 1999

泸定县志(1991—2005) 泸定县县志编纂委员会编 中国文史出版社 2010

丹巴县志 四川省丹巴县志编纂委员会编 民族出版社 1996

丹巴县志(1989—2005) 四川省丹巴县志编纂委员会编 四川科学技术出版社 2009

九龙县志 四川省九龙县志编纂委员会编 四川人民出版社 1997

九龙县志·续篇(1986—2000) 四川省九龙县人民政府 《九龙县志·续篇》编纂委员会 九龙县地方志办公室编 四川科学技术出版社 2007

雅江县志 雅江县志编纂委员会编 巴蜀书社 2000

雅江县志（1991—2005） 四川省甘孜藏族自治州雅江县志编纂委员会编　四川美术出版社　2009

道孚县志 田永胜主编　四川人民出版社　1998

炉霍县志 炉霍县志编纂委员会编　四川人民出版社　2000

炉霍县志（1991—2005） 炉霍县地方志编纂委员会编　方志出版社　2010

甘孜县志 甘孜县志编纂委员会编　四川科学技术出版社　1999

甘孜县志·续编 四川省甘孜县志编纂委员会编　四川人民出版社　2002

新龙县志 四川省甘孜藏族自治州新龙县志编纂委员会编　四川人民出版社　1992

新龙县志（1988—2006） 四川省甘孜藏族自治州新龙县志编纂委员会编　方志出版社　2010

德格县志 四川省德格县志编纂委员会编　四川人民出版社　1995

德格县志（1989—2005） 四川省德格县地方志编纂委员会编　四川科学技术出版社　2010

白玉县志 四川省甘孜藏族自治州白玉县志编纂委员会编　四川大学出版社　1996

白玉县志（1991—2005） 四川省白玉县地方志编纂委员会编　方志出版社　2010

石渠县志 石渠县志编纂委员会编　四川人民出版社　2000

色达县志 色达县地方志编纂委员会编 四川人民出版社 1997

色达县志（1991—2005） 四川省色达县地方志编纂委员会编 四川科学技术出版社 2009

理塘县志 四川省理塘县地方志编纂委员会编 四川人民出版社 1996

理塘县志·续编（1991—2005） 四川省理塘县地方志编纂委员会编 四川科学技术出版社 2009

巴塘县志 四川省巴塘县志编纂委员会编 四川民族出版社 1993

巴塘县志·续编 四川省巴塘县地方志编纂委员会编 方志出版社 2001

乡城县志 乡城县地方志编纂委员会编 四川大学出版社 1997

乡城县志（1991—2005） 乡城县地方志编纂委员会编 四川民族出版社 2009

稻城县志 四川省稻城县志编纂委员会编 四川人民出版社 1997

稻城县志（1991—2005） 四川省稻城县志编纂委员会编 四川科学技术出版社 2009

得荣县志 得荣县地方志编纂委员会编 四川大学出版社 2000

得荣县志（1991—2005） 四川省得荣县地方志编纂委员会编 四川科学技术出版社 2009

凉山彝族自治州

凉山彝族自治州志 凉山彝族自治州地方志编纂委员会编 方志出版社 2002

凉山彝族自治州志（1991—2006）凉山彝族自治州志编纂委员会编 方志出版社 2011

凉山彝族自治州民族志 凉山州民族宗教事务委员会编 不详 2003

西昌市志 四川省西昌市志编纂委员会编 四川人民出版社 1996

西昌市志（1991—2005）西昌市地方志编纂委员会编 方志出版社 2011

木里藏族自治县志 木里藏族自治县志编纂委员会编 四川人民出版社 1995

木里藏族自治县志（1991—2006）木里藏族自治县地方志编纂委员会编 中国文史出版社 2010

盐源县志 《盐源县志》编纂委员会编 四川民族出版社 2000

盐源县志（1991—2005）盐源县地方志编纂委员会编 方志出版社 2012

德昌县志 德昌县地方志编纂委员会编 四川人民出版社 1998

德昌县志（1991—2006）四川省德昌县地方志编纂委员会编 方志出版社 2010

会理县志 会理县地方志编纂委员会编 四川辞书出版社 1994

会理县志（1986—2005） 《会理县志》编纂委员会编 方志出版社 2011

会东县志 四川省会东县地方志编纂委员会编 四川人民出版社 1996

会东县志（1991—2006） 四川省会东县志编纂委员会编 方志出版社 2011

宁南县志 宁南县地方志编纂委员会编 成都科技大学出版社 1994

宁南县志（1986—2005）（送审稿） 四川省宁南县地方志编纂委员会编 不详 不详

宁南县志（1986—2005） 四川省宁南县地方志编纂委员会编 四川大学出版社 2009

普格县志 四川省普格县志编纂委员会编 四川大学出版社 1992

普格县志（1986—2006） 四川省普格县志编纂委员会编 方志出版社 2012

布拖县志 四川省布拖县志编纂委员会编 中国建材工业出版社 1993

布拖县志（1986—2006） 《布拖县志》编纂委员会编 电子科技大学出版社 2009

金阳县志 四川省金阳县地方志编纂委员会编 方志出版社 2000

昭觉县志 四川省昭觉县地方志编纂委员会编 四川辞书出版社 1999

昭觉县志（1991—2005） 四川省昭觉县地方志编纂委员会编 方志出版社 2012

喜德县志 四川省喜德县志编纂委员会编 电子科技大学出版社 1992

喜德县志（1986—2006） 四川省喜德县地方志编纂委员会编 中国文史出版社 2010

冕宁县志 四川省冕宁县地方志编纂委员会编 四川人民出版社 1994

冕宁县志（1900—2005） 冕宁县地方志编纂委员会编 西南交通大学出版社 2009

越西县志 越西县地方志编纂委员会编 四川辞书出版社 1994

越西县志（1991—2005） 四川省越西县地方志编纂委员会编 中国文史出版社 2011

甘洛县志 四川省甘洛县地方志编纂委员会编 四川人民出版社 1996

甘洛县志 甘洛县地方志编纂委员会编 中国铁道出版社 2014

美姑县志 美姑县志编纂委员会编 四川人民出版社 1997

雷波县志 四川省《雷波县志》编纂委员会编 四川民族出版社 1997

雷波县志（1991—2006） 雷波县地方志编纂委员会编 方志出版社 2014

藏书单位简称表

		单位名	简　称
公共图书馆	省　馆	四川省图书馆	省　图
	成　都	成都图书馆	成　都
		青羊区图书馆	青　羊
		新都区图书馆	新　都
		温江区图书馆	温　江
		郫都区图书馆	郫　都
		都江堰市图书馆	都江堰
		彭州市图书馆	彭　州
		邛崃县图书馆	邛　崃
		崇州市图书馆	崇　州
		简阳市图书馆	简　阳
		大邑县图书馆	大　邑
		蒲江县图书馆	蒲　江
		新津县图书馆	新　津
	自　贡	自贡市图书馆	自　贡
		荣县图书馆	荣　县
		富顺县图书馆	富　顺
	泸　州	泸州市图书馆	泸　州
		叙永县图书馆	叙　永

		单位名	简称
公共图书馆	德阳市	德阳市图书馆	德阳
		广汉市图书馆	广汉
		绵竹市图书馆	绵竹
		中江县图书馆	中江
	绵阳	绵阳市图书馆	绵阳
		绵阳市安州区图书馆	安州区
		江油市图书馆	江油
		梓潼县图书馆	梓潼
		三台县图书馆	三台
	广元	广元市图书馆	广元
		剑阁县图书馆	剑阁
		苍溪县图书馆	苍溪
	遂宁市	遂宁市图书馆	遂宁
		蓬溪县图书馆	蓬溪
		射洪县图书馆	射洪
	内江市	资中县图书馆	资中
		威远县图书馆	威远
	乐山市	乐山市图书馆	乐山
		犍为县图书馆	犍为
	南充市	南充市图书馆	南充
		阆中市图书馆	阆中
		南部县图书馆	南部
		西充县图书馆	西充

续表

		单位名	简　称
公共图书馆	宜宾市	宜宾市图书馆	宜　宾
		宜宾市南溪区图书馆	南溪区
		高县图书馆	高　县
		屏山县图书馆	屏　山
	广安市	广安市广安区图书馆	广安区
	达州	达州市图书馆	达　州
		达州市达川区图书馆	达川区
		万源市图书馆	万　源
	巴中市	巴中市巴州区图书馆	巴州区
		通江县图书馆	通　江
	雅安市	雅安市图书馆	雅　安
	眉山市	仁寿县图书馆	仁　寿
		洪雅县图书馆	洪　雅
	资阳市	安岳县图书馆	安　岳
	甘孜藏族自治州	甘孜藏族自治州图书馆	甘　孜
	凉山彝族自治州	西昌市图书馆	西　昌
高校图书馆		四川大学图书馆	川　大
		四川师范大学图书馆	川师大
		西南民族大学图书馆	西南民大
		西华师范大学图书馆	西华师大
		西南交通大学图书馆	西南交大
		西华大学图书馆	西　华
		内江师范学院图书馆	内江师院

续表

	单位名	简 称
博物馆	四川博物院	川 博
	成都博物馆	成 博
	凉山州博物馆	凉山州博物馆
	成都杜甫草堂博物馆	草堂博物馆
	武侯祠博物馆	武侯祠博物馆
	眉山三苏祠博物馆	三苏祠博物馆
	新都杨升庵博物馆	杨升庵博物馆
	自贡市盐业历史博物馆	自贡盐业博物馆
	都江堰文物局	都江堰文物局
	彭州博物馆	彭州博物馆
科研院所	四川省社会科学院文献信息中心	省社科院
	四川省人民政府文史研究馆	省文史馆
党校系统	中共四川省委党校四川省行政学院图书馆	省委党校

后　记

　　《四川地方志联合目录》的编纂缘于全省古籍普查工作的开展。自 2007 年始，全省古籍普查工作迄今已十年有余，从沟通、协调、组织、培训伊始，古籍普查由步履维艰至成绩斐然，现已基本摸清全省家底，其间的艰辛和努力虽不足为外人道，却也成就了一大批古籍整理、编目、修复等专业人员。因此次普查完全依照原书著录，而非依托旧本目录登记，故在整理过程中，我们发现最新的数据和许多单位的原始数据已经有了很大的变化。如不少古籍因严重破损而无法翻阅，部分珍善本被重新发掘，因版本鉴定失误而产生的错误信息，因古籍移交而产生的所属单位的变迁，因行政区划的变更而产生的归属地变迁，等等，不一而足。因此，原来的书目数据已经不符合现有的实际情况，而方志作为区域文化的重要历史文献，具有"资政、育人、存史"之功能，故有必要对现有的数据进行重新整理和审核，以资服务广大读者及史志研究者。

　　以前辈学者的整理为基础，结合近十年普查成果，最后的统计及整理工程，其繁琐和复杂仍然超出我们的预期。不少单位提交的旧志数据模糊不清，或者版本鉴定仍有待核实。为此，我和同事罗涵亓一起重新查阅资料，远处则电话咨询相关单位，请求拍摄书影，近处则到各单位古籍书库实地查看，核对数据，力求使每一条数据都能如实反映志书原貌。调查对象我们则尽可能囊括所有方志存藏单位，包括各系统、基层边远地区，甚至多年来一直未曾著录过古籍信息的单位等，通过各种渠道联系、交流协调，使普查单位达到前所未有的 98 家。最初的数千条旧志数据，最终被审校、合并成 1312 条数据。新志方面，调查工作得到了四川省图书馆参考咨询部主任吴红颖的大力支持，带领同事从省图书目系统抓取上千条新志数据，为新志的整理节约了大量时间。后期数据则由王娟、钟文进行编辑、审校，形成符合条件的 658 条数据。史志的整理研究方兴未艾，新旧数据的更新及连接整合，当为我省方志研究提供重要参考。

此项目的顺利完成，离不开所有参与单位的大力支持，更离不开辛勤工作的各位同事，包括参与前期工作的熊柯嘉、杜鹃、楚正瑜、代兴群等，在此我一并致以最诚挚的谢意！

林　英

2018 年 1 月 31 日